马一浮文选

马一浮　著

泰山出版社·济南·

图书在版编目（CIP）数据

马一浮文选 / 马一浮著. -- 济南 ：泰山出版社，
2025. 6. -- （中国近现代思想文库）. -- ISBN 978-7
-5519-0921-1

Ⅰ. C52

中国国家版本馆CIP数据核字第20257KP092号

MAYIFU WENXUAN

马一浮文选

责任编辑 任春玉
装帧设计 路渊源

出版发行 泰山出版社

社　　址　济南市泺源大街2号　邮编　250014
电　　话　综　合　部（0531）82023579　82022566
　　　　　　出版业务部（0531）82025510　82020455
网　　址　www.tscbs.com
电子信箱　tscbs@sohu.com

印　　刷 山东通达印刷有限公司
成品尺寸 165 mm×240 mm　16开
印　　张 13.5
字　　数 230千字
版　　次 2025年6月第1版
印　　次 2025年6月第1次印刷
标准书号 ISBN 978-7-5519-0921-1
定　　价 39.00元

凡　例

一、本书收录了作者的经典文章或片段节选，主要展现了作者的学术造诣、思想追求和情感操守，以及当时的时代风貌等。

二、将所选文章改为简体横排，以符合现代阅读习惯。原文存在标点不明、段落不分、标题缺失等不便于阅读之处，编者酌情予以调整。

三、所选文章尽量依照原作，保持原作风格及其时代韵味，同时根据需要，对原文进行了适当的删减和订正。

四、对有些当时惯用的文字，如"的""地""得""作""做""哪""那""化钱""记帐"等，仍多遵照旧用。

目 录

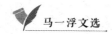

楷定国学名义

国学者，六艺之学也

大凡一切学术，皆由思考而起，故曰学原于思。思考所得，必用名言，始能诠表。诠是诠释，表是表显。名言即是文字，名是能诠，思是所诠。凡安立一种名言，必使本身所含摄之义理明白昭晰，使人能喻，释氏立文身、句身、名身，如是三身为一切言教必具之体。喻是领会晓了，随其根器差别而有分齐不同。例如颜子"闻一以知十"，子贡"闻一以知二"之类。**谓之教体。**佛说此方以音声为教体。必先喻诸己，而后能喻诸人。因人所已喻，而告之以其所未喻，才明彼，即晓此，因喻甲事而及乙事，辗转关通，可以助发增长人之思考力，方名为学。故学必读书穷理，书是名言，即是能诠，理是所诠，亦曰"格物致知"。物是一切事物之理，知即思考之功。《易·系辞传》曰："唯深也，故能通天下之志。"换言之，即是于一切事物表里洞然，更无瞖隔，说与他人，亦使各各互相晓了，如是乃可通天下之志，如是方名为学。略说"学"字大意，次说国学名词。国学这个名词，如今国人已使用惯了，其实不甚适当。照旧时用国学为名者，即是国立大学之称。今人以吾国固有的学术名为国学，意思是别于外国学术之谓。此名为依他起，严格说来，本不可用。今为随顺时人语，故暂不改立名目。然即依固有学术为解，所含之义亦太觉广泛笼统，使人闻之，不知所指为何种学术。照一般时贤所讲，或分为小学、文字学。经学、诸子学、史学等类，大致依四部立名。然四部之名，本是一种目录，犹今图书馆之图书分类法耳。荀勖《中经簿》本分甲、乙、丙、丁，

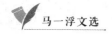

《隋书·经籍志》始立经、史、子、集之目，至今沿用，其实不妥。今姑不具论，他日别讲。能明学术流别者，惟《庄子·天下篇》《汉书·艺文志》最有义类。今且不暇远引，即依时贤所举，各有专门，真是皓首不能究其义，毕世不能竟其业。今诸生在大学所习学科甚繁，时间有限，一部十七史从何处说起。现在要讲国学，第一须楷定国学名义。"楷定"，是义学家释经用字。每下一义，须有法式，谓之楷定。楷即法式之意，犹今哲学家所言范畴，亦可说为领域。故楷定即是自己定出一个范围，使所言之义不致凌杂无序或枝蔓离宗。老子所谓"言有宗，事有君"也。何以不言确定而言楷定？学问，天下之公，言确定则似不可移易，不许他人更立异义，近于自专。今言楷定，则仁智各见，不妨各人自立范围，疑则一任别参，不能强人以必信也。如吾今言国学是六艺之学，可以该摄其余诸学，他人认为未当，不妨各自为说，与吾所楷定者无碍也。又楷定异于假定。假定者，疑而未定之词，自己尚信不及，姑作如是见解云尔。楷定则是实见得如此，在自己所立范畴内更无疑义也。第二须先读基本书籍。第三须讲求简要方法。如是，诸生虽在校听讲时间有限，但识得门径不差，知道用力方法不错，将来可以自己研究，各有成就。今先楷定国学名义。举此一名，该摄诸学，唯六艺足以当之。六艺者，即是《诗》《书》《礼》《乐》《易》《春秋》也。此是孔子之教，吾国二千余年来普遍承认一切学术之原皆出于此，其余都是六艺之支流。故六艺可以该摄诸学，诸学不能该摄六艺。今楷定国学者，即是六艺之学。用此代表一切固有学术，广大精微，无所不备。某向来欲撰《六艺论》，郑康成亦有《六艺论》，今已不传。佚文散见群经注疏中，但为断片文字，不能推见其全体，殊为可惜。某今日所欲撰之书，名同实别，不妨各自为例。未成而遭乱，所缀辑先儒旧说、群经大义，俱已散失无存。今欲为诸生广说，恐嫌浩汗，只能举其要略，启示一种途径，使诸生他日可自己求之。且为时间短促，亦不能不约说也。

今举《礼记·经解》及《庄子·天下篇》说六艺大旨，明其统类如下：

《经解》引孔子曰："入其国，其教可知也。其为人也，温柔敦厚，《诗》教也；疏通知远，《书》教也；广博易良，《乐》教也；洁静精微，《易》教也；恭俭庄敬，《礼》教也；属辞比事，《春秋》教也。"

《庄子·天下篇》曰："《诗》以道志，《书》以道事，《礼》以道行，《乐》以道和，《易》以道阴阳，《春秋》以道名分。"

自来说六艺，大旨莫简于此。有六艺之教，斯有六艺之人。故孔子之言是以人说。庄子之言是以道说。《论语》曰："人能弘道，非道弘人。"道即六艺之道，人即六艺之人。有得六艺之全者，有得其一二者，所谓"学焉而得其性之所近"。《论语》记"子所雅言，《诗》《书》执礼"，"兴于《诗》，立于《礼》，成于《乐》"。《王制》："乐正崇四术，立四教，顺先王《诗》《书》《礼》《乐》以造士。春秋教以《礼》《乐》，冬夏教以《诗》《书》。"是知四教本周之旧制，孔子特加删订。《易》藏于太卜，《春秋》本鲁史，孔子晚年始加赞述，于是合为六经，亦谓之六艺。《史记·孔子世家》云："及门之徒三千，身通六艺者七十有二人。"旧以礼、乐、射、御、书、数当之，实误。寻上文叙次，孔子删《诗》《书》，定《礼》《乐》，赞《易》，修《春秋》，自必蒙上而言，六艺即是六经无疑。与《周礼》乡三物所言六艺有别，一是艺能，一是道术。乡三物所名礼，乃指仪容器数；所名乐，乃指铿锵节奏：是习礼乐之事，而非明其本原也。唯《六德》知、仁、圣、义、中，和，实足以配六经，此当别讲。今依《汉书·艺文志》以六艺当六经。经者，常也，以道言谓之经。艺犹树艺，以教言谓之艺。

论六艺该摄一切学术

何以言六艺该摄一切学术？约为二门：一、六艺统诸子；二、六艺统四部。诸子依《汉志》，四部依《隋志》。

甲、六艺统诸子

欲知诸子出于六艺，须先明六艺流失。《经解》曰："《诗》之失愚，《书》之失诬，《乐》之失奢，《易》之失贼，《礼》之失烦，《春秋》之失乱。"学者须知，六艺本无流失，"学焉而得其性之所近"，俱可适道。其有流失者，习也。心习才有所偏重，便一向往习熟一边去，而于所不习者便有所遗。高者为贤、知之过，下者为愚、不肖之不及，遂成流失。佛氏谓之边见，庄子谓之往而不反，此流失所从来，便是"学焉而得其习之所近"，慎勿误为六艺本体之失。此须料简明白。

《汉志》："诸子十家，其可观者九家。"其实九家之中，举其要者，不过五家，儒、墨、名、法、道是已。出于王官之说，不可依据，今所不用。《学记》："师严然后道尊，道尊然后民知敬学。是故君之所不臣于其臣者二：当其为尸，则弗臣也；当其为师，则弗臣也。大学之体，虽诏于天子，无北面，所以尊师也。"此明官、师有别，师之所诏并非官之所守也。（《周礼》司徒之官有"师氏掌以媺诏王"，"保氏掌谏王恶"。凡"王举则从，听治亦如之"。师氏"使其属率四夷之隶，各以其兵服守王之门外，且跸"。保氏"使其属守王闱"。此如后世侍从之官。郑注《冢宰》"以九两系邦国之民"，"师以贤得民"，"儒以道得民"，乃以诸侯之师氏、保氏当之，变保为儒，此实于义乖舛，不可从。）

《论语》："温故而知新，可以为师矣。"又语子夏："汝为君子儒，毋为小人儒。"此所言师、儒，岂可以官目之邪？《七略》旧文某家者流出于某官，亦以其言有关政治，换言之，犹曰某家者可使为某官。如"雍也，可使南面"云尔，岂谓如书吏之抱档案邪？如谓道家出于史官，今《老子》五千是否周之国史？墨家出于清庙之守，今墨书所言并非笾豆之事。此最易明。吾乡章实斋作《文史通义》，创为"六经皆史"之说，以六经皆先王政典，守在王官，古无私家著述之例，遂以孔子之业并属周公，不知孔子"祖述尧、舜，宪章文、武"，乃以其道言之。若政典，则三王不同礼，五帝不同乐，且孔子称《韶》《武》，则明有抑扬，论十世，则知其损益，并不专主于"从周"也。信如章氏之说，则孔子未尝为太卜，不得系《易》；未尝为鲁史，亦不得修《春秋》矣。《十翼》之文，广大悉备，太卜专掌卜筮，岂足以知之；笔削之旨，游、夏莫赞，亦断非鲁史所能与也。"以吏为师"，秦之弊法，章氏必为回护，以为三代之遗，是诚何心！今人言思想自由，犹为合理。秦法"以古非今者族"，乃是极端遏制自由思想，极为无道，亦是至愚。经济可以统制，思想云何由汝统制？曾谓三王之治世而有统制思想之事邪？惟《庄子·天下篇》则云："古之道术有在于是者，（某某）〔墨翟、禽滑厘〕闻其风而说之。"乃是思想自由自然之果。所言"道德不一，天下多得一察焉以自好"，"各为其所欲〔焉〕以自为方"，"道术将为天下裂"，乃以"不该不遍"为病，故庄立道术、方术二名。（非如后世言方术当方伎也。）是以道术为该遍之称，而方术则为一家之学。谓方术出于道术，胜于九流出于王官之说多矣。与其信刘歆，不如信庄子。实斋之论甚卑而固，亦与公羊家孔子改制之说同一谬误。且《汉志》出于王官之说，但指九家，其叙六艺，本无此言，实斋乃以六艺亦为王官所守，并非刘歆之意也。略为辨正于此，学者当知。不通六艺，不名为儒，此不待言。墨家统于《礼》，名、法亦统于《礼》，道家统

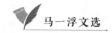

于《易》。判其得失，分为四句：一，得多失多。二，得多失少。三，得少失多。四，得少失少。例如道家体大，观变最深，故老子得于《易》为多，而流为阴谋，其失亦多，"《易》之失贼"也。贼训害。庄子《齐物》，好为无端崖之辞，以天下不可与庄语。得于《乐》之意为多，而不免流荡，亦是得多失多，"《乐》之失奢"也。奢是侈大之意。墨子虽非乐，而《兼爱》《尚同》实出于《乐》，《节用》《尊天》《明鬼》出于《礼》，而《短丧》又与《礼》悖。墨经难读，又兼名家亦出于《礼》，如墨子之于《礼》《乐》，是得少失多也。法家往往兼道家言，如《管子》，《汉志》本在道家，韩非亦有《解老》《喻老》，自托于道。其于《礼》与《易》，亦是得少失多。余如惠施、公孙龙子之流，虽极其辩，无益于道，可谓得少失少。其得多失少者，独有荀卿。荀本儒家，身通六艺，而言"性恶""法后王"是其失也。若诬与乱之失，纵横家兼而有之，然其谈王伯皆游辞，实无所得，故不足判。杂家亦是得少失少。农家与阴阳家虽出于《礼》与《易》，末流益卑陋，无足判。观于五家之得失，可知其学皆统于六艺，而诸子学之名可不立也。

乙、六艺统四部

何以言六艺统四部？今经部立十三经、四书，而以小学附之，本为未允。六经唯《易》《诗》《春秋》是完书；《尚书》今文不完，古文是依托；《仪礼》仅存士礼；《周礼》亦缺冬官；《乐》经本无其书；《礼记》是传，不当遗大戴而独取小戴；《左氏》《公》《谷》三传亦不得名经；《尔雅》是释群经名物；唯《孝经》独专经名，其文与《礼记》诸篇相类；《论语》出孔门弟子所记；《孟子》本与《荀子》同列儒家，与二戴所采曾子、子思子、公孙尼子七十子后学之书同科，应在诸子之列，但以其言最醇，故以之配《论语》。然曾子、子思子、公孙尼子之言亦醇，何以不得与《孟子》并？二戴所记曾子语独多，后人曾辑为《曾子》十篇。

《中庸》出子思子，《乐记》出公孙尼子，并见《礼记》正义，可信。然《礼记》所采七十子后学之书多醇。《大学》不必定为曾子之遗书，必七十子后学所记则无疑也。二戴兼采秦、汉博士之说，则不尽醇。此须料简。今定经部之书为宗经论、释经论二部，皆统于经，则秩然矣。宗经、释经区分，本义学家判佛书名目，然此土与彼土著述大体实相通，此亦门庭施设，自然成此二例，非是强为差排，诸生勿疑为创见。孔子晚而系《易》，《十翼》之文，便开此二例，《彖》《象》《文言》《说卦》是释经，《系传》《序卦》《杂卦》是宗经。寻绎可见。六艺之旨，散在《论语》而总在《孝经》，是为宗经论。《孟子》及二戴所采曾子、子思子、公孙尼子诸篇，同为宗经论。《仪礼·丧服传》子夏所作，是为释经论。三传及《尔雅》亦同为释经论。《礼记》不尽是传，有宗有释。《说文》附于《尔雅》，本保氏教国子以六书之遗。如是则经学、小学之名可不立也。诸子统于六艺，已见前文。

其次言史。司马迁作《史记》，自附于《春秋》，《班志》因之。纪传虽由史公所创，实兼用编年之法；多录诏令奏议，则亦《尚书》之遗意。诸志特详典制，则出于《礼》，如《地理志》祖《禹贡》，《职官志》祖《周官》，准此可推。纪事本末则左氏之遗则也。史学巨制，莫如《通典》《通志》《通考》，世称"三通"，然当并《通鉴》计之为四通。编年记事出于《春秋》，多存论议出于《尚书》，记典制者出于《礼》。判其失亦有三：曰诬，曰烦，曰乱。知此，则知诸史悉统于《书》《礼》《春秋》，而史学之名可不立也。

其次言集部。文章体制流别虽繁，皆统于《诗》《书》。《汉志》犹知此意，故单出"诗赋略"，便已摄尽。六朝以有韵为文，无韵为笔，后世复分骈散，并舍陋之见。"《诗》以道志，《书》以道事"，文章虽极其变，不出此二门。志有浅深，故言有粗妙；事有得失，故言有纯驳。思知言不可不知人，知人又当论其世，故

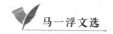

观文章之正变而治乱之情可见矣。今言文学，统于《诗》者为多。《诗·大序》曰："治世之音安以乐，其政和；乱世之音怨以怒，其政乖；亡国之音哀以思，其民困。"三句便将一切文学判尽。《论语》曰："诵《诗》三百，授之以政，不达"，"虽多，亦奚以为？"可见《诗》教通于政事。"《书》以道事"，《书》教即政事也，故知《诗》教通于《书》教。《诗》教本仁，《书》教本知。古者教《诗》于南学，教《书》于北学，即表仁知也。《乡饮酒义》曰："向仁""背藏"，"左圣""右义"。藏即是知。"知以藏往"，故知是藏义。教《乐》于东学，表圣；教《礼》于西学，表义。故知、仁、圣、义，即是《诗》《书》《礼》《乐》四教也。前以六艺流失判诸子，独遗《诗》教。"《诗》之失愚"，唯屈原、杜甫足以当之，所谓"古之愚也直"。六失之中，唯失于愚者不害为仁，故《诗》教之失最少。后世修辞不立其诚，浮伪夸饰，不本于中心之恻怛，是谓"今之愚也诈"。以此判古今文学，则取舍可知矣。两汉文章近质，辞赋虽沈博极丽，多以讽谕为主，其得于《诗》《书》者最多，故后世莫能及。唐以后，集部之书充栋，其可存者，一代不过数人。至其流变，不可胜言，今不具讲。但直抉根原，欲使诸生知其体要咸统于《诗》《书》，如是则知一切文学皆《诗》教、《书》教之遗，而集部之名可不立也。

上来所判，言虽简略，欲使诸生于国学得一明白概念，知六艺总摄一切学术，然后可以讲求。譬如行路，须先有定向，知所向后，循而行之，乃有归趣。不然则博而寡要，劳而少功，泛泛寻求，真是若涉大海，茫无津涯。吾见有人终身读书，博闻强记而不得要领，绝无受用，只成得一个书库，不能知类通达，如是又何益哉？复次当知讲明六艺不是空言，须求实践。今人日常生活，只是汩没在习气中，不知自己性分内本自具足一切义理。故六艺之教，不是圣人安排出来，实是性分中本具之理。《记》曰："天高地下，万物散殊，而礼制行矣；流而不息，合同而化，而乐兴焉。""礼者，天地之序。""乐者，天地之和。"故曰："《礼》《乐》不可斯须去身。""仁者见之谓之仁，知者见之谓之知，百姓日用而不知。"自性本具仁智，由不见，故日用不知，溺于所习，流为不仁不知。《礼》《乐》本自粲然，不可须臾离，由于不肯率由，遂至无序不和。今人亦知人类须求合理的生活，亦曰正常生活，须知六艺之教即是人类合理的正常生活，不是偏重考古，徒资言说而于实际生活相远的事。今所举者，真是大辂椎轮，简略而又简略，然祭海先河，言语之序，亦不得不如此。

论六艺统摄于一心

语曰："举网者必提其纲，振衣者必挈其领。"先须识得纲领，然后可及其条目。前讲六艺之教可以该摄一切学术，这是一个总纲，真是"范围天地之化而不过，曲成万物而不遗"。学者须知六艺本是吾人性分内所具的事，不是圣人旋安排出来。吾人性量本来广大，性德本来具足，故六艺之道即是此性德中自然流出的，性外无道也。从来说性德者，举一全该则曰仁，开而为二则为仁知、为仁义，开而为三则为知、仁、勇，开而为四则为仁、义、礼、知，开而为五则加信而为五常，开而为六则并知、仁、圣、义、中、和而为六德。就其真实无妄言之，则曰"至诚"；就其理之至极言之，则曰"至善"。故一德可备万行，万行不离一德。知是仁中之有分别者，勇是仁中之有果决者，义是仁中之有断制者，礼是仁中之有节文者，信即实在之谓，圣则通达之称，中则不偏之体，和则顺应之用，皆是吾人自心本具的。

心统性情，性是理之存，情是气之发。存谓无乎不在，发则见之流行。理行乎气中，有是气则有是理。因为气禀不能无所偏，故有刚柔善恶，《通书》曰："刚善为义、为直、为断、为严毅、为干固，恶为猛、为隘、为强梁：柔善为慈、为顺、为巽，恶为懦弱、为无断、为邪佞。"先儒谓之气质之性。圣人之教，使人自易其恶，自至其中，便是变化气质，复其本然之善。此本然之善，名为天命之性，纯乎理者也。气质之性，自横渠始有此名。汉儒言性，皆祖述荀子，只见气质之性。然气质之性亦不一向是恶，恶只是个过不及之名。故天命之性纯粹至善，气质之性有善有恶，方为定论。若孟子道性善，则并气质亦谓无恶。如谓："富岁，子弟多赖；凶（年）〔岁〕，子弟多暴。非天之降才尔殊也，〈其〉所以陷溺其心者然也。"又曰："若夫为不善，非才之罪也。"才即是指气质。孟子之意是以不善完全由于习，气质元无不善也。汉人说性，往往以才性连文为言，不免含混，故当从张子。然天命之性与气质之性并非是两重。程子曰："论性不论气则不备；论气不论性则不明；二之则不是。"气质之性有善有不善，犹水之有清浊也。清水浊水，元是一水。变化气质，即是去其砂石，使浊者变清。及其清时，亦只是元初水，不是别将个清的来换却浊的。**此理自然流出诸德，故亦名为天德。见诸行事，则为王道。六艺者，即此天德王道之所表显。故一切道术皆统摄于六艺，而六艺实统摄于一心，即是一心之全体大用也。**《易》本隐以之显，即是从体起用。《春秋》推见至隐，即是摄用归体。故《易》是全体，《春秋》是大用。伊川作《明道行状》曰："穷神知化，由通于礼乐；尽性至命，必本于孝弟。"须知《易》言神化，即礼乐之所从出；《春秋》明人事，即性道之所流行。《诗》《书》并是文章，孔子称"尧焕乎其有文章"，子贡称"夫子之文章"，此言文章乃是圣人之大业，勿误作文辞解。文章不离性道，故《易》统《礼》《乐》，横渠《正蒙》云："一故神，二故化。"礼主别异，二之化也；乐主和同，一之神也。礼主减，乐主盈，礼减而进，以进为文，乐盈而反，以反为文，皆阴阳合德之理。《春秋》该《诗》《书》。孟子谓"王者之迹熄而《诗》亡，《诗》亡然后《春秋》作"，故《春秋》继《诗》。《诗》是好恶之公，《春秋》是褒贬之正。《尚书》称二帝三王极其治，《春秋》讥五伯极其乱，拨乱世反之正，因行事加王心，皆所以继《书》也。以一德言之，皆归于仁；以二德言之，《诗》《乐》为阳是仁，《书》《礼》为阴是知，亦是义；以三德言之，则《易》是圣人之大仁，《诗》《书》《礼》《乐》并是圣人之大智，而《春秋》则是圣人之大勇；以

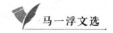

四德言之，《诗》《书》《礼》《乐》即是仁、义、礼、智；此以《书》配义，以《乐》配智也。以五德言之，《易》明天道，《春秋》明人事，皆信也，皆实理也；以六德言之，《诗》主仁，《书》主知，《乐》主圣，《礼》主义，《易》明大本是中，《春秋》明达道是和。《中庸》曰："惟天下至圣，为能聪明睿知，足以有临也；此为德之总相。宽裕温柔，足以有容也；仁德之相。发强刚毅，足以有执也；义德之相。齐庄中正，足以有敬也；礼德之相。文理密察，足以有别也。智德之相。溥博渊泉，而时出之。"溥博言其大，渊泉言其深。此为圣人果上之德相。《经解》所言"温柔敦厚"，"疏通知远"，"广博易良"，"恭俭庄敬"，"洁静精微"，"属辞比事"，则为学者因地之德相。而"洁静精微"之因德，与"聪明睿智"之果德并属总相，其余则为别相。曰圣曰仁，亦是因果相望，并为总相。总不离别，别不离总，六相摄归一德，故六艺摄归一心。圣人以何圣？圣于六艺而已。学者于何学？学于六艺而已。大哉，六艺之为道！大哉，一心之为德！学者于此可不尽心乎哉？

论西来学术亦统于六艺

六艺不唯统摄中土一切学术，亦可统摄现在西来一切学术。举其大概言之，如自然科学可统于《易》，社会科学或人文科学。可统于《春秋》。因《易》明天道，凡研究自然界一切现象者皆属之；《春秋》明人事，凡研究人类社会一切组织形态者皆属之。董生言"不明乎《易》，不能明《春秋》"，如今治社会科学者，亦须明自然科学，其理一也。物生而后有象，象而后有滋，滋而后有数，今人以数学、物理为基本科学，是皆《易》之支与流裔，以其言皆源于象数而其用在于制器。《易传》曰："以制器者尚其象。"凡言象数者，不能外于《易》也。人类历史过程皆由野而进于文，由乱而趋于治，其间盛衰兴废、分合存亡之迹，蕃变错综。欲识其因应之宜、正变之理者，必比类以求之，是即《春秋》之比事也；说明其故，即《春秋》之属辞也。属辞以正名，比事以定分。社会科学之义，亦是以道名分为归。凡言名分者，不能外于《春秋》也。文学、艺术统于《诗》《乐》，政治、法律、经济统于《书》《礼》，此最易知。宗教虽信仰不同，亦统于《礼》，所谓"亡于礼者之礼也"。哲学思想派别虽殊，浅深小大亦皆各有所见，大抵本体论近于《易》，认识论近于《乐》，经验论近于《礼》；唯心者《乐》之遗，唯物者《礼》之失。凡言宇宙观者皆有《易》之意，言人生观者皆有《春秋》之意，但彼皆各有封执而不能观其会通。庄子所谓"各得一察焉以自好"，"各为其所欲以自为方"者，由其习使然。若能进之以圣人之道，固皆六艺之材也。道一而已，因有得失，故有同异，同者得之，异者失之。

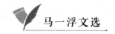

《易》曰："天下同归而殊涂，一致而百虑，天下何思何虑？"睽而知其类，异而知其通，夫何隔碍之有？克实言之，全部人类之心灵，其所表现者不能离乎六艺也；全部人类之生活，其所演变者不能外乎六艺也。故曰："道外无事，事外无道。"因其心智有明有昧，故见之行事有得有失。孟子曰："行之而不著焉，习矣而不察焉，终身由之而不知其道者，众也。"彼虽或得或失皆在六艺之中，而不自知其为六艺之道。《易》曰"百姓日用而不知"，其此之谓矣。苏子瞻有诗云："不识庐山真面目，只缘身在此山中。"岂不信然哉！

学者当知六艺之教，固是中国至高特殊之文化：唯其可以推行于全人类，放之四海而皆准，所以至高；唯其为现在人类中尚有多数未能了解，"百姓日用而不知"，所以特殊。故今日欲弘六艺之道，并不是狭义的保存国粹，单独的发挥自己民族精神而止，是要使此种文化普遍的及于全人类，革新全人类习气上之流失，而复其本然之善，全其性德之真，方是成己成物，尽己之性，尽人之性，方是圣人之盛德大业。若于此信不及，则是于六艺之道犹未能有所入，于此至高、特殊的文化尚未能真正认识也。诸君勿疑此为估价太高，圣人之道，实是如此。世界无尽，众生无尽，圣人之愿力亦无有尽。人类未来之生命方长，历史经过之时间尚短，天地之道只是个"至诚无息"，圣人之道只是个"纯亦不已"，往者过，来者续，本无一息之停。此理决不会中断，人心决定是同然。若使西方有圣人出，行出来的也是这个六艺之道，但是名言不同而已。

诸生当知：六艺之道是前进的，决不是倒退的，切勿误为开倒车；是日新的，决不是腐旧的，切勿误为重保守；是普遍的，是平民的，决不是独裁的，不是贵族的，切勿误为封建思想。要说解放，这才是真正的解放；要说自由，这才是真正的自由；要说平等，这才是真正的平等。西方哲人所说的真、美、善，皆包含于六艺之中，《诗》《书》是至善，《礼》《乐》是至美，《易》《春秋》是至真。《诗》教主仁，《书》教主智，合仁与智，岂不是至善么？《礼》是大序，《乐》是大和，合序与和，岂不是至美么？《易》穷神知化，显天道之常；《春秋》正名拨乱，示人道之正，合正与常，岂不是至真么？诸生若于六艺之道深造有得，真是左右逢源，万物皆备。所谓尽虚空，遍法界，尽未来际，更无有一事一理能出于六艺之外者也。吾敢断言，天地一日不毁，人心一日不灭，则六艺之道炳然常存。世界人类一切文化最后之归宿必归于六艺，而有资格为此文化之领道者，则中国也。今人舍弃自己无上之家珍，而拾人之土苴绪余以为宝，自居于下劣，而奉西洋人为神圣，岂非至愚而可哀？诸生勉之，慎勿安于卑陋，而以经济落后为耻，以能增高国际地位遂以为可矜。须知今日所名为头等国者，在文化上实是疑问，须是进于六艺之教而后始为有道之邦也。不独望吾国人兴起，亦望全人类兴起，相与坐进此道。勉之！勉之！

群经大义总说

判教与分科之别

孟子曰："始条理者，智之事也；终条理者，圣之事也。"朱子谓："智是知得彻，圣是行得彻。知以理言，行以事言。理事不二，知行合一，圣智同符，始终一贯，在得其条理而已。"荀子曰："圣人言虽千举万变，其统类一也。"统是总相，类是别相。总不离别，别不离总，举总以该别，由别以见总，知总别之不异者，乃可与言条理矣。内外本末，小大精粗，统之有宗，会之有元。备而不遗，通而不暌，交参互入，并摄兼收，错列则行布分明，汇合则圆融无碍，此条理之事也。事犹言相。若乃得其一支而遗其全体，守其一曲而昧乎大方，血脉不通，触涂成滞，畛域自限，封执随生，相绌相距，不该不遍，是丹而非素，专己而斥人，安其所习，毁所不见，是犹井蛙不知有海，夏虫不知有冰。游骑忘归，散钱无串。百工居肆，不可以为君师；匹夫搏斗，不可以成军旅。蹄涔之水，非众流之所归。一尺之棰，析千岁而不尽。修罗之钻藕孔，鼹鼠之食牛角，宁得谓之尽条理乎？由前之说，则判教是已；由后之说，则分科是已。

已知条理为圣智之事，非偏曲之业，于何证之？求之六艺而已。六艺之道，条理粲然。圣人之知行在是，天下之事理尽是；万物之聚散，一心之体用，悉具于是。吾人欲究事物当然之极则，尽自心义理之大全，舍是末由也。圣人用是以为教，吾人依是以为学。教者教此，学者学此。外乎此者，教之所由废，学之所由失也。今言判教者，就此条理之粲然者而思绎之，综会之，其统类自见，非有假于安排造作，实为吾心自然之分理，万物同具之根源。特借言语诠表，抉而出之，显而示之而已耳，岂有他哉！

古人言语必有根据。故《曲礼》曰言"必则古昔，称先王"；《虞书》曰"无稽之言勿听，弗询之谋勿庸"；孔子"祖述尧舜，宪章文武"，"述而不作，信而好古"；《礼记·曾子问》数称"吾闻诸老聃"，示不敢专之于己也。其在释氏结集诸经必曰："如是我闻。"论主造、论开篇，必有归敬颂，亦犹行古之道也。今欲判教，必当有据。或曰：天台据《法华》判四教，慈恩依《深密》《楞伽》判三时教，贤首本《华严》判五教，然则判教之名，实始于佛氏之义学，儒家亦有之乎？答曰：实有之，且先于义学矣，后儒习而不察耳。

今先出所据《论语》："子所雅言，《诗》、《书》、执礼。""兴于《诗》，立于礼，成于乐。"如曰"可与言《诗》"，"卒以学《易》"，"不学《诗》，无以言"，"不学礼，无以立"，"《诗》可以兴、观、群、怨"，"事父""事君"，《孟子》引孔子言"知我罪我，其唯《春秋》"，"其义则吾窃取"，此见于《论》《孟》者，即判教之旨也。《王制》："乐正崇四术，立四教，顺先王《诗》《书》《礼》《乐》以造士。春秋教以《礼》《乐》，冬夏教以《诗》《书》。"此四教之目也。《孔子世家》叙孔子删《诗》《书》，定《礼》《乐》，晚而赞《易》，修《春秋》，及门之徒三千，身通六艺者七十有二人。此明孔子之门益四教而为六艺。又《太史公自序》曰："儒者以六艺为法，六艺经传以千万数。"是六艺之目也。亦曰六经，亦曰六学，亦曰六籍。赵岐《孟子序》曰："孟子通五经，尤长于《诗》《书》。"此五经之目也。皆判教也。至庄、荀之书，并陈六艺。荀子《劝学篇》曰："《书》者，政事之纪也；《诗》者，中声之所止也；《礼》者，法之大分、类之纲纪也。"又曰："《礼》之敬文也，《乐》之中和也，《诗》《书》之博也，《春

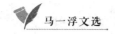

秋》之微也，在天地之间者毕矣。"《儒效篇》曰："圣人者，道之管也。杨惊注："管，枢要也。"天下之道管是，百王之道一是。""《诗》言是其志也，《书》言是其事也，《礼》言是其行也，《乐》言是其和也，《春秋》言是其微也。""天下之道毕是矣。乡是者臧，倍是者亡。乡是而不臧，倍是而不亡，未尝有也。"《庄子·天下篇》曰："《诗》以道志，《书》以道事，《礼》以道行，《乐》以道和，《易》以道阴阳，《春秋》以道名分。其数散于天下而设于中国者，百家之学，时或称而道之。"庄生之言与荀卿相同，言百家道之，则知治六艺者，不独儒家为然。其曰"判天地之美，析万物之理，察古人之全"，下"判"字尤为分晓。《礼记·经解》引孔子曰："入其国，其教可知也。其为人也，温柔敦厚，《诗》教也；疏通知远，《书》教也；广博易良，《乐》教也；洁静精微，《易》教也；恭俭庄敬，《礼》教也；属辞比事，《春秋》教也。故《诗》之失，愚；《书》之失，诬；《乐》之失，奢；《易》之失，贼；《礼》之失，烦；《春秋》之失，乱。其为人也，温柔敦厚而不愚，则深于《诗》者也；疏通知远而不诬，则深于《书》者也；广博易良而不奢，则深于《乐》者也；洁静精微而不贼，则深于《易》者也；恭俭庄敬而不烦，则深于《礼》者也；属辞比事而不乱，则深于《春秋》者也。"此段文人法双彰，得失并举，显然是判教的实证据。《繁露·玉杯篇》云："《诗》《书》序其志，《礼》《乐》纯其美，《易》《春秋》明其知，六学皆大而各有所长。《诗》道志，故长于质；《礼》制节，故长于文；《乐》咏德，故长于风；《书》著功，故长于事；《易》本天地，故长于数；《春秋》正是非，故长于治人。"《史记·太史公自序》："余闻之董生曰：《易》著天地阴阳四时五行，故长于变；《礼》纲纪人伦，故长于行；《书》纪先王之事，故长于政；《诗》纪山川溪谷禽兽草木牝牡雌雄，故长于风；《乐》乐所以立，故长于和；《春秋》辨是非，故长于治人。是故《礼》以节人，《乐》以发和，《书》以道事，《诗》以达意，《易》以道化，《春秋》以道义。"《汉书·艺文志》曰："六艺之文：《乐》以和神，仁之表也；《诗》以正言，义之用也；《礼》以明体，〔明者著见，〕故无训〔也〕；《书》以广听，知之术也；《春秋》以断事，信之符也。五者，盖五常之道，相须而备，而《易》为之原。"《法言》云："说天者莫辨乎《易》，说事者莫辨乎《书》，说体者莫辨乎《礼》，说志者莫辨乎《诗》，说理者莫辨乎《春秋》。"是皆据六艺以判教，其余不可殚举。要以《经解》为最精，庄、荀为最约。《汉志》叙九家，以为皆六艺之支与流裔，故推之一切学术，涂虑虽有万殊，归致原无二理。举一全该，万物悉备，得者得此，失者失此：语在《泰和会语》论六艺诸篇及学规"博文"条。得之则智仁圣义中和，失之则愚诬奢烦贼乱。六艺之教，通天地、亘古今而莫能外也；六艺之人，无圣凡、无贤否而莫能出也。散为万事，合为一理，此判教之大略也。彼为义学者之教判，有小有大，有偏有圆，有权有实；六艺之教则绝于偏小，唯是圆大，无假权乘，唯一实理，通理始终，等无有二，但有得失而无差分。此又儒者教相之殊胜，非义学所能及者矣。

分科之说，何自而起？起于误解《论语》"从我在陈"一章。记者举此十人有德行、言语、政事、文学诸目，特就诸子才质所长言之，非谓孔门设此四科也。十子者，皆身通六艺，并为大儒，岂于六艺之外别有四科？盖约人则品核殊称，约教则宗归无异。德行、文学乃总相之名，言语、政事特别相之目。总为六艺，别则《诗》《书》，岂谓各不相通而独名一事哉！故有判教而无分科。若其有之，则成偏小，非六艺之道也。庄子以"道术之裂为方术"，"天下多得一察焉以自好"，"各为其所欲〔焉〕以自为方"，谓之"不该不遍"，"往而不反"，"不见天地之纯，古人之大体"，此正显分科之失也。《学记》曰："大德不官，大道不器，大信不约，大时不齐。察于此四者，可以有志于（本）〔学〕

矣。"分科者,一器一官之事,故为局;判教则知本之事,故为通。如今人言科学自哲学分离而独立,比哲学于祧庙之主,此谓有类而无统。中土之学不如是,以统类是一也。如释氏讥教相不明者为笼侗真如、颟顸佛性。儒者之学不如是,以始终条理也。今将为诸生明六艺之教,必先了然于此而后可以无惑。故既于《通治群经必读诸书举要》每门之下,各缀数言,聊示涂辙,复为申说判教与分科之义趣不同如此。

玄言与实理之别

古人垂语,皆本其所自得。见得端的,行得纯熟,自然从胸襟流出,不假安排,以其皆实理也。《乾·文言》曰:"修辞立其诚,所以居业也。"诚者,真实无妄之理。业即是行。居者,止其所而不迁之谓。言君子修治其言辞,与实理相应。此理确立,然后日用之间不更走作也。修者,治也。言有条理,名之为修,非雕绘藻饰之谓。无条理则乱,亦曰莠言,言其乱如莠草,此为条理之反也。如理而说,如量而说,云兴瓶泻而不为多,片语只字而不为少,乃至默然不说,其声如雷。庄子曰:"君子尸居而龙见,渊默而雷声。"到此田地,有言亦可,无言亦可。古德云:"但患自心不作佛,不愁佛不会说法。"此即《论语》所谓"有德者必有言也"。德者即是得于心之实理,所谓诚也。三灾弥纶而行业湛然,可谓能居业矣。"素患难,行乎患难",即在患难中行;"素夷狄,行乎夷狄",即在夷狄中行。夷狄、患难不能碍之,则何忧乎夷狄,何惧乎患难?理在则非外物所能夺也。故言行业者,不独指事为之显著者而言,凡心所行处,皆行业也。人之举心动念,即已为行。《系辞》每以德、业对举,业即是行,此亦显微无间。故佛氏斥人每曰:"汝是何心行。"人若不得此实理,则其所行无论隐显,皆无是处,便是不诚无物。诚立,则所言者莫非实理。既言与理应,斯为诚谛之言,言之必可行也。行与理应,斯为笃实之行。《礼运》曰"体信达顺",在《易》曰"履信思顺"。言有不诚则不信矣，行有不实则不顺矣。故"修辞立诚"即"体信"也，"居业"即"达顺"也。上言忠信所以进德，此忠信之德即是实理。言忠信是"立诚"，行笃敬是"居业"，"君子于其言，无所苟而已矣"。不诚即妄，不与此实理相应皆妄也；少分相应而有违失，犹未离乎妄也。言下可以持循，便是"居业"。故学者当知修辞之要贵在立诚，而亦即是笃行之事，进德即在其中，言行相应，德业不二，始终只是个实理。故见其礼而知其政，闻其乐而知其德，直是无处可以盖藏，丝毫不容差忒，岂可以伪为哉！后世修饰其文辞而务以悦人者，岂能当得此事？

若有言者，未必有德。只是其言亦有中理处，娓娓可听，足以移人。及细察之，则醇疵互见，精粗杂陈。于此实理，未尝有得，而验之行事，了不相干，言则甚美而行实反之，此为依似乱德之言。其有陈义，亦似微妙，务为高远，令人无可持循，务资谈说，以长傲遂非，自谓智过于人，此种言说，亦可名为玄言之失。盖真正玄言，亦是应理。但或举本而遗末，舍近而求远，非不绰见大体而不能切近人事，至其末流，则失之弥远，此学者所不可不知也。老、庄为玄言之祖，今试取《老子》与《论语》，《庄子》与《孟子》比而观之，则可知矣。如："道可道，非常道；名可名，非常名。"此玄言之最精者，初机闻之，有何饶益？说有说无，令学者全无入路。《论语》开篇便曰："学而时习之，不亦说乎。"合下便可用力。《庄子》内篇七篇诚汪洋自恣矣，以视《孟子》七篇为何如？《孟子》开篇便严义利之辨，其直指人心处，可令人当下悟入。读《庄子》虽觉其文之美，可好说理为无端崖，令人流荡失据。此玄言与实理之别也。以佛氏之言判之，则知老、庄为破相教，孔、孟为显性教。一于破相，则性亦相也；一于显性，则相亦性也。故老子曰："失道而后德，失德而后仁，失仁而后义。""天下皆知美之为美，斯恶矣。""六亲不和有孝慈，国家昏乱有忠臣。"一切破斥无余。庄子曰："是亦彼也，我亦为彼所

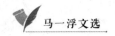

彼。彼亦是也。彼亦自以为是。彼亦一是非，此亦一是非。此亦自是而非彼，彼亦自是而非此。果且有彼是乎哉？果且无彼是乎哉？是亦一无穷，非亦一无穷也。"此皆令人无可据依。试观孔、孟之言，有似于此者乎？横渠曰："大易不言有无，言有无者，诸子之陋耳。"故在佛氏则必悟一真法界，而后知空宗之为权说；在儒者则必至至诚无息，而后知文章不离性道。子贡于此犹隔一尘。纵使多闻能如子贡，犹在言语边取，今之料简，欲使学者知据六艺判教乃是实理，不是玄言，务在直下明宗，不致承言失旨耳。

论语首末二章义

《论语》记孔子及诸弟子之言，随举一章，皆可以见六艺之旨。然有总义，有别义，别义易见，总义难知。果能身通六艺，则于别中见总，总中见别，交参互入，无不贯通。故程子说："圣人无二语，彻上彻下只是一理。"谢上蔡说："圣人之学无本末，无内外。从洒扫、应对、进退以至精义入神，只是一贯。一部《论语》，只恁么看。"扬子云说："圣人之言远如天，贤人之言近如地。"程子改之曰："圣人之言，其远如天，其近如地。"学者如能善会，即小可以见大，即近可以见远，真是因该果海，果彻因原。《易·系传》曰"无有远近幽深，遂知来物"者，方来之事相，即是见微而知其著，见始而知其终。如樊迟问仁，子曰："爱人。"问知，子曰："知人。"学者合下便可用力。及到圣人地位，尧舜之仁，爱人而已矣；尧舜之知，知人而已矣。亦只是这个道理，非是别有。此乃是举因该果之说。其他问仁、问政，如此类者甚多，切须善会。今举《论语》首末二章，略明其义。

首章曰："学而时习之，不亦说乎？有朋自远方来，不亦乐乎？人不知而不愠，不亦君子乎？"悦、乐都是自心的受用。时习是功夫，朋来是效验。悦是自受用，乐是他受用，自他一体，善与人同。故悦意深微而乐意宽广，此即兼有《礼》《乐》二教义也。《说命》曰"敬逊务时敏，厥修乃来"，即时习义。"坐如尸"，坐时习；"立如斋"，立时习。惟敬学，故时习，此即《礼》教义。以善及人而信从者众。欢忻交通，更无不达之情，此即《乐》教义也。"人不知而不愠，不亦君子乎？"君子是成德之名。"人不知而不愠",地位尽高。孔子自己说:"不怨天,不尤人。""知我者其天乎?"《乾·文言》"遁世无闷,不见是而无闷",《中庸》"遁世不见知而不悔",皆与此同意。"不见是"与"不见知"意同,言不为人所是也。庄子说"举世非之而不加沮,举世誉之而不加劝",亦同。但孔子之言说得平淡,庄子便有些过火。学至于此,可谓安且成矣,故名为君子。此是《易》教义也。何以言之?孔子系《易》大象,明法天用《易》之道,皆以君子表之。例如《乾》象曰:"天行健,君子以自强不息。"《坤》象曰:"地势坤,君子以厚德载物。"六十四卦中,称君子者凡五十五卦,称先王者七卦,称后者二卦。《易乾凿度》曰:"《易》有君人五号:帝者,天称也。王者,美行也。天子者,爵号也。大君者,与上行异也。与上,言民与之,欲使为于大君也。大人者,圣明德备也。变文以著名,题德以别操。"郑注云:"虽有隐显,应迹不同,其致一也。"其义甚当。五号虽皆题德之称,然以应迹而著,故见于爻辞以各当其时位,大象则不用五号而多言君子,此明君子但为德称,不必其迹应帝王也。《系传》曰:"君子之道,或出或处,或默或语。"非专指在位明矣。《礼运》曰:"禹、汤、文、武、成王、周公,由此其选也。此六君子者,未有不谨于礼者也。"此见先王亦称君子。孔子曰:"文,莫吾犹人也。躬行君子,则吾未之有得。"孔子德盛言谦,犹不敢以君子自居。《论语》凡言文者,皆指六艺之文,学者当知。又曰:"圣人,吾不得而见之矣,得见君子者,斯可矣。"此如佛氏判果位名号,圣人是妙觉,君子则是等觉也。"君子素其位而行",富贵、贫贱、夷狄、患难皆谓之位。此位亦是以所处之时地言之,故知君子不是在位之称,而是成德之目。孔颖达以"君临上位,子爱下民"释之,《易》正义。不知君子虽有君临之德,不必定履君临之位也。《易》为君子谋,不为小人谋。君子修之,吉;小人悖之,凶。群经中每以君子、小人对举,"人小道长"则"君子道消"。

小人亦有他小人之道，《孟子》曰："道二，仁与不仁而已矣。"君子之道是仁，小人之道是不仁。仁者浑然与物同体，反此则有有我之私，便是不仁。由此言之，若己私有一毫未尽者，犹未离乎小人也。故曰："一日克己复礼，天下归仁。"君子与小人之辨，即是义与利之辨，亦即是仁与不仁之辨。以佛氏之理言之，即是圣凡、迷悟之辨。程子曰："小人只不合小了。"阳明所谓从躯壳起见，他只认形气之私为我。佛氏谓之萨迦耶见，即是末那识。转此识为平等性智，即是"克己复礼"，乃是君子之道矣。一切胜心客气皆由此生，故尽有小人而有才智者。彼之人法二执，人执是他自我观念，法执是他的主张。更为坚强难拔，此为不治之证。"人不知而不愠"，非己私已尽不能到此地步。圣人之词缓，故下个"不亦"字，下个"乎"字。《易》是圣人最后之教，六艺之原，非深通天人之故者不能与《易》道相应。故知此言君子者，是《易》教义也。凡言君子者，通六艺言之，然有通有别，此于六艺为别，故说为《易》教之君子。学者读此章，第一须认明"学而时习之"，学是学个甚么；第二须知如何方是时习工夫；第三须自己体验，自心有无悦怿之意，此便是合下用力的方法。末了须认明君子是何等人格，自己立志要做君子，不要做小人，如何才够得上做君子，如何才可免于为小人。其间大有事在，如此方不是泛泛读过。

末章"不知命，无以为君子也"，是《易》教义；"不知礼，无以立"，是《礼》教义；"不知言，无以知人"，是《诗》教义。后二义显，前一义隐。今专明前义。《易·系传》曰："穷理尽性以至于命。"《乾卦·象传》曰："乾道变化，各正性命。"性、命一理也，自天所赋言之则谓之命，自人所受言之则谓之性。《大戴礼·本命篇》："分于道谓之命，形于一谓之性，化于阴阳、象形而发谓之生，化穷数尽谓之死。故命者，性之终也。"此皆以气言命者。"性之终"，乃是告子"生之谓性"之说，不可

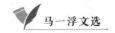

从。汉儒说性命类如此，今依程子说。不是性之上更有一个命，亦不是性命之外别有一个理。故程子曰："理穷则性尽，尽性则至命，只是一事。不是穷了理再去尽性，只穷理便是尽性，尽性便是至命。"此与孟子说"尽其心者，知其性也，知其性则知天矣"语脉一样。尽心、知性、知天不是分三个阶段，一证一切证。孔子自言"五十而知天命"，即是"穷理尽性以至于命"也。天命即是天理之异名，天理即是性中所具之理。孔子晚而系《易》，尽《易》之道。今告学者曰，"不知命，无以为君子也"，言正而厉。连下三"不"字，三"无以"字，皆决定之词，与首章词气舒缓者不同。此见首章是始教，意主于善诱，此章是终教，要归于成德。记者以此殿之篇末，其意甚深。以君子始，以君子终，总摄归于《易》教也。又第十六篇，孔子曰："君子有三畏，畏天命、畏大人、畏圣人之言。小人不知天命而不畏也，狎大人，侮圣人之言。"朱子注云："天命者，天所赋之正理也。"小人不知天命，故不识义理而无忌惮，亦正可与此章互相发明。复次，学者须知命有专以理言者，上来所举是也。亦有专以气言者，如"道之将行也与？命也；道之将废也与？命也""死生有命，富贵在天"之类是也。先儒恐学者有好高躐等之弊，故说此章命字多主气言。朱子注云："人不知命，则见害必避，见利必趋，何以为君子？"《语录》曰："死生自有定命，若合死于水火，须在水火里死；合死于刀兵，须在刀兵里死：如何逃得？"看此说虽甚粗，所谓知命者，不过如此。又曰："只此最粗的，人都信不及，便讲学得，待如何亦没安顿处。今人开口亦解说一饮一啄自有定分，及遇小小利害，便生趋避计较之心。古人刀锯在前，鼎镬在后，视之如无者，盖缘只见得道理，都不见那刀锯鼎镬。"此言亦甚严正，与学者当头一棒，深堪警省。据某见处，合首末两章看来，圣人之言是归重在《易》教，故与朱子说稍有不同。学者切勿因此遂于朱注轻有所疑，须知朱子之言亦是《易》教所摄，并无两般也。

论语大义

诗教

《汉书·艺文志序》曰："仲尼没而微言绝，七十子丧而大义乖。"此本通六艺而言，后儒乃专以属之《春秋》，非也。微言者，微隐之言，亦云深密，学者闻之，未能尽喻，故谓微隐。其实圣人之言，岂分微显？契理为微，契机为显，无显非微，亦无微非显。故曰："知微之显可与入德。"且言即是显，何以名微？但就学者未喻边说，故曰微言耳。大义者，圆融周遍之义，对小为言。圣人之言，亦无有小大，但贤者识其大者，不贤者识其小者。此亦就机边说，机有小大，故其所得之义有小大。七十子并是大机，故其所传为大义；后学见小，故大义乖失也。今欲通治群经，须先明"微言大义"。求之《论语》，若不能得旨，并是微言；得其旨者，知为大义。一时并得，则虽谓仲尼未没，七十子未丧可也，岂非庆快之事耶？

今当略举《论语》大义，无往而非六艺之要，若夫举一反三，是在善学。如闻《诗》而知《礼》，闻《礼》而知《乐》，是谓告往知来，闻一知二。若颜渊闻一知十，即是合下明得一贯之旨，此真圆顿上机。"舜何人也？予何人也？有为者亦若是。"切望猛著精采，勿自安于下机也。

《论语》有三大问目：一问仁，一问政，一问孝。凡答问仁者，皆《诗》教义也；答问政者，皆《书》教义也；答问孝者，皆《礼》《乐》义也。故曰："子所雅言，《诗》、《书》、执礼，皆雅言也。""兴于《诗》，立于《礼》，成于乐。"言执礼

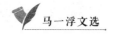

不及乐者，礼主于行，重在执守，行而乐之即乐，以礼统乐也。言兴《诗》不及《书》者，《书》以道事，即指政事，《诗》通于政，以《诗》统《书》也。《易》为礼乐之原，言礼乐，则《易》在其中，故曰"明则有礼乐，幽则有鬼神也"。《春秋》为《诗》《书》之用，言《诗》《书》，则《春秋》在其中，故曰"《诗》亡然后《春秋》作"也。《春秋》以道名分，名阳而分阴，若言属辞比事，则辞阳而事阴，故名分亦阴阳也。不易是常，变易是变，《易》长于变，以变显常，不知常者，其失则贼。《春秋》拨乱反正，乱者是变，正者是常，正名定分是常，乱名改作是变，不知正者，其失则乱。《乐》为阳，《礼》为阴，《诗》为阳，《书》为阴，《乐》以配圣，《诗》以配仁，《礼》以配义，《书》以配智。故《乡饮酒义》曰："天子之立：左圣，乡仁；右义，偝智。"《戴记》作"偝藏"，"知以藏往"，故以"藏"为"智"也。"东方者春，春之为言蠢也。产万物者，圣也。南方者夏，夏之为言假也。假训大。养之长之假之，仁也。西方者秋，秋之为言揫也。《戴记》作"愁"，通假字，正当作"揫"。揫之以时察，守义者也。北方者冬，冬之为言终也。终者，藏也。"《戴记》作"中"，以音近而误，字当作"终"。故四教配四德，四德配四方，四方配四时，莫非《易》也，莫非《春秋》也。以六德言之即为六艺，《易》配中，《春秋》配和，四德皆统于中和，故四教亦统于《易》《春秋》。《易》以天道下济人事，《春秋》以人事反之天道，天人一也。道外无事，事外无道，一贯之旨也。又四时为天道，四方为地道，四德为人道，人生于天地之中，法天象地，兼天地之道者也。故曰："大人者，与天地合其德，与日月合其明，与四时合其序，与鬼神合其吉凶。""天大地大人亦大。"此之谓大义也。程子曰："才有一毫私吝心，便与天地不相似。"又曰："小人只不合〔自己〕小了。"私吝即小，无私吝元来是大。又《乡饮酒义》曰："天地严凝之气，始于西南而盛于西北，此天地之尊严气也，此天地之义气也；天地温厚之气，始于东北而盛于东南，此天地之盛德气也，此天地之仁气也。"此以卦位言之，即配四隅，卦左阳而右阴也。故曰："易有太极，是生两仪，两仪生四象，四象生八卦，八卦定吉凶。"曰极者，至极之名。曰仪、曰象、曰卦者，皆表显之相。其实皆此性德之流行，一理之著见而已。明乎此，则知六艺不是圣人安排出来，得之则为六德，失之则为六失。愚、诬、烦、奢、贼、乱。所谓"七十子丧而大义乖"者，即是于此义乖违，辗转陷于偏小而失之弥远也。以上先显大义，次当别释问目。

仁是心之全德，易言之亦曰德之总相。即此实理之显现于发动处者，此理若隐，便同于木石。如人患痿痹，医家谓之不仁，人至不识痛痒，毫无感觉，直如死人。故圣人始教，以《诗》为先。《诗》以感为体，令人感发兴起，必假言说，故一切言语之足以感人者皆诗也。此心之所以能感者便是仁，故《诗》教主仁。说者、闻者同时俱感于此，便可验仁。佛氏曰："此方真教体，清净在音闻，欲取三摩提，要以闻中入。"此亦《诗》教义也。如佛说《华严》，声闻在座，如聋如哑，五百退席，此便是无感觉，便可谓之不仁。人心若无私系，直是活泼泼地，拨着便转，触着便行，所谓"感而遂通"，才闻彼，即晓此，何等俊快，此便是兴。若一有私系，便如隔十重障，听人言语，木木然不能晓了，只是心地昧略，决不会兴起，虽圣人亦无如之何。须是如迷忽觉，如梦忽醒，如仆者之起，如病者之苏，方是兴也。兴便有仁的意思，是天理发动处，其机不容已。《诗》教从此流出，即仁心从此显现。志于学，志于道，志于仁，一也。仁是性德，道是行仁，学是知仁。仁是尽性，道是率性，学是知性。学者第一事便要识仁，故孔门问"仁"者最多。孔子一一随机而答，咸具四种悉檀，此是《诗》教妙义。四悉檀者出天台教义，悉言遍，檀言施。华、梵兼举也。一世界悉檀，世界为隔别分限之义，人之根器各有所限，随宜分别，次第为

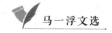

说，名世界悉檀。二为人悉檀，即谓因材施教，专为此一类机说，令其得入，名为人悉檀。三对治悉檀，谓应病与药，对治其人病痛而说。四第一义悉檀，即称理而说也。如樊迟问仁，子曰"爱人"；问知，子曰"知人"：世界悉檀也。答子贡曰"己欲立而立人，己欲达而达人，能近取譬，可谓仁之方也已"，为人悉檀也。答司马牛曰"仁者，其言也讱"，答樊迟曰"仁者先难而后获"，对治悉檀也。答颜渊曰"一日克己复礼，天下归仁焉"，第一义悉檀也。其实前三不离后一，圣人元无二语，彻上彻下，彻始彻终，只是一贯，皆是第一义也。颜渊直下承当，便请问其目，孔子拈出"视听言动"一于礼，说仁之亲切，无过于此，颜渊一力担荷，此是孔门问仁第一等公案，于此透脱，斯可以尽性矣。仲弓问仁，孔子告以"敬恕"。仲弓亦一力担荷，此皆是兴之榜样。不如此，不足以为兴也。又如曾子闻"一贯"之言，直应曰"唯"，及门人问，则告之曰："夫子之道，忠恕而已矣。"此是自解作活计，如此方是"兴于《诗》"，以其感而遂通，全不滞在言语边，而真能得其旨也。子曰："苟志于仁矣，无恶也。"又曰："唯仁者能好人，能恶人。""吾未见好仁者，恶不仁者。好仁者，无以尚之；恶不仁者，其为仁矣，不使不仁者加诸其身。"自非见得端的，好恶安能如是之切。此皆《诗》教之义也。又问仁而告以"复礼"，告以"敬恕"，告以"能近取譬"，此并是《诗》教。"仁远乎哉？我欲仁，斯仁至矣。"引《诗》曰："岂不尔思，室是远而。"为之说曰："未之思也，夫何远之有？""绵蛮黄鸟，止于丘隅。"为之说曰："于止，知其所止，可以人而不如鸟乎？"孺子之歌："沧浪之水清兮，可以濯我缨；沧浪之水浊兮，可以濯我足。"子闻之曰："小子识之，清斯濯缨，浊斯濯足矣。"诗人感物起兴，言在此而意在彼，故贵乎神解，其味无穷。圣人说《诗》皆是引申触类，活泼泼地。其言之感人深者，固莫非《诗》也。"天地感而万物化生"，仁之功也；"圣人感人心而天下和平"，

《诗》之效也。程子曰："鸡雏可以观仁。"满腔都是生意，满腔都是恻隐，斯可与识仁，可与言《诗》矣。凡《论语》问仁处，当作如此会。以上说"问仁"为《诗》教义竟。

书教

何言乎答问政者皆《书》教义也？《书》以道政事，尧、舜、禹、汤、文、武、周公所以治天下之道在是焉。孔子"祖述尧舜，宪章文武"，梦见周公，告颜渊以四代之礼乐，答子张以殷周损益"百世可知"，皆明从本垂迹，由迹显本之大端。政是其迹，心是其本，二帝三王，应迹不同，其心是一。故孟子曰："以不忍人之心，行不忍人之政。""行一不义，杀一不辜，而得天下，〔皆〕不为也。是则同。"此本迹之说也。蔡九峰《书传序》曰："精一执中，尧、舜、禹相授之心法也。建中（立）〔建〕极，〔商〕汤、〔周〕武相传之心法也。曰德曰仁，曰敬曰诚，言虽殊而理则一，无非所以明此心之妙也。〔至于〕言天，则严其心之所自出；言民，则谨其心之所由施。礼乐教化，心之发也；典章文物，心之著也；家齐国治而天下平，心之推也，心之德其盛矣乎！二帝三王，存此心者也；夏桀、商受，亡此心者也；太甲、成王，困而存此心者也。存则治，亡则乱，治乱之分，顾其心之存不存如何耳。后世〔人主，〕有志于二帝三王之治（者），不可不求其道；有志于二帝三王之道（者），不可不求其心。"自来说《尚书》大义，未有精于此者。今观《论语》记孔子论政之言，以德为主，则于本迹之说可以无疑也。尧、舜、禹、汤、文、武、周公、孔子之心，一也。有以得其用心，则施于有政，迹虽不同，不害其本一也。后世言政事者，每规规于制度文为之末，舍本而言迹，非孔子《书》教之旨矣。《论语》"为政以德"一章，是《书》教要义。德是政之本，政是德之迹。"大哉，尧之为君！惟天为大，惟尧则之。""无为而治者其舜也欤？"此皆略迹而言本。《中庸》曰："君子不赏而民劝，不怒而民威于铁钺。《诗》曰：'不显惟德，

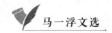

百辟其刑之。'〔是故〕君子笃恭而天下平。《诗》曰:'予怀明德,不大声以色。'子曰:'声色之于以化民,末也。'"此为政以德之极致也。"道之以政,齐之以刑,民免而无耻;道之以德,齐之以礼,有耻且格。"数语将一切政治得失判尽。朱子注:"政者,为治之具。刑者,辅治之法。德礼则所以出治之本,而德又礼之本也。"数语亦判得分明。《尚书》多叹德之辞,如:"钦明文思安安,允恭克让","浚哲文明,温恭允塞","克明峻德","玄德升闻","惇德允元",如此之类,不可胜举。南宫适问禹、稷躬稼而有天下,子曰:"尚德哉若人!"以是推之,《书》教之旨,以德为本明矣。而孔子之论政皆原本于德何,莫非《书》教之义乎。

今举例以明之。如哀公问:"何为则民服?"子曰:"举直错诸枉,则民服;举枉错诸直,则民不服。"季康子问:"使民敬忠以劝,如之何?"子曰:"临之以庄,则敬;孝慈,则忠;举善而教不能,则劝。"张钦夫曰:"此皆就我所当为者言之。然能如是,则其应有不期然而然者。"哀公、季康子皆怀责效于民之心,而孔子告之皆修之在己之事,故曰:"苟正其身矣,于从政乎何有?不能正其身,如正人何?"季康子问政,子曰:"政者,正也。子帅以正,孰敢不正?"季康子患盗,问于孔子,子曰:"苟子之不欲,虽赏之不窃。"季康子问政于孔子曰:"如杀无道,以就有道,何如?"子曰:"子为政,焉用杀?子欲善而民善矣。君子之德风,小人之德草。草上之风必偃。"《尧曰》一篇,约尧、舜、禹、汤、武之言,皆修德责己之事,与此同旨。如汤之言曰:"朕躬有罪,无以万方;万方有罪,罪在朕躬。"武王之言曰:"虽有周亲,不如仁人。百姓有过,在予一人。"二帝三王之用心如此。鲁之君臣虽卑陋不足以及此,孔子之告之,皆就其用心处直下针锤,可使一变至道,故曰《书》教之旨也。

论政亦具四悉檀。如曰:"既庶矣,富之;既富矣,教之。""足食足兵，民信之矣。""谨权量，审法度，修废官。""兴灭国，继绝世，举逸民。""所重：民、食、丧、祭。""不患寡而患不均，不患贫而患不安。均无贫，和无寡，安无倾。"世界悉檀也。答叶公问政曰："近者悦，远者来。"答子夏为莒父宰问政曰："无欲速，无见小利。"答仲弓为季氏宰问政曰："先有司，赦小过，举贤才。"为人悉檀也。答哀公、季康子诸问及定公问一言"兴邦""丧邦"，答齐景公问政曰："君君、臣臣、父父、子子。"对治悉檀也。答子张问政曰："居之无倦，行之以忠。"答子路问政曰："先之劳之。"请益，曰："无倦。"答子贡问"必不得已而去"曰："去兵"，"去食"，"自古皆有死，民无信不立"。答子路问君子曰："修己以敬。"皆第一义悉檀也。"宽则得众，信则民任焉，敏则有功，（公则说）〔惠则足以使人〕。"答子张问从政以"尊五美，屏四恶"，其言尤为该备。世界悉檀也。《中庸》"哀公问政"一章，其要义曰："为政在人，取人以身，修身以道，修道以仁。"第一义悉檀也。二《戴记》中七十子后学之徒记孔子论政之言，不可殚举，以《论语》准之，莫非《书》教义。又一一悉檀，皆归第一义悉檀，学者当知。

帝王皆表德之称。《说文》："帝，谛也。"《春秋元命包》《运斗枢》皆有此文。"王天下之号。""谛，审也。"《诗》毛传曰："审谛如帝。"审谛是义理昭著之意，犹言"克明峻德"。谓此一理显现，谛实不虚，名之曰帝。"王者，往也。天下所归往也。"《春秋繁露》曰："古之造文者，三画而连其中谓之王。三者，天地人也。而参通之者，王也。"许书引孔子曰："一贯三为王。"言其与天地合德，人所归往，故谓之王。《易乾凿度》曰："易有君人之号五：帝者，天称〔也〕；王者，美（称）〔行也〕；天子者，爵号〔也〕；大君者，与上行异；大人者，圣明德备也。变文以著名，题德以别操。"郑注云："虽有隐显，应迹不

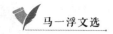

同，其致一也。"此明五号元无胜劣，只是变文，迹有隐显，本惟是一。又德隐而文显，显是有为，隐是无为。明道曰："自私则不能以有为为应迹，用智则不能以明觉为自然。"故帝王以应迹而殊称，圣德则明觉之自证。庄子言内圣外王者，亦本迹之义也。《孔子闲居》子夏问曰："三王之德，参于天地。敢问何如斯可谓参天地矣？"孔子曰："天无私覆，地无私载，日月无私照。奉斯三者，以劳天下。此之谓三无私。"无私而后能应迹。所谓"廓然而大公，物来而顺应"，"天叙有典，敕我五典五惇哉！天秩有礼，自我五礼有庸哉！""天命有德，五服五章哉！天讨有罪，五刑五用哉！"此皆物各付物，不杂一毫私智于其间。体信达顺之道，亦即自然之明觉也。明乎此，则知从本垂迹，由迹显本，为《书》教之大义，可以无疑也。今人每以帝王为封建时代之名号，不知其本义也。中土三代封建，以亲亲尊贤为义，与欧洲封建制绝不同。柳子厚作《封建论》，全以私意窥测圣人，已近于今之言社会学，正是失之诬也。如今人所指斥之帝国主义，乃是霸者以下之事，以霸者犹不利人之土地也。今以侵略兼并，号为帝国，是夷狄之道。皇帝一名，已被秦始皇用坏，今言帝国，尤天壤悬殊。然古义须还他古义，不得乱以今名致疑，学者当知。

又复当知《书》教之旨，即是立于礼。孔子曰："道之以德，齐之以礼。"凡一切政典，皆礼之所摄。《易·系辞》曰："观其会通，以行其典礼。"典礼即是常事。二帝之书名为"典"者，明其为常事也。圣人之用心，只是行其当然之则，尽其本分之事而已。惟恐其有未当理者，惟恐其有不尽分者，绝无一毫居德求功之意，然后功德乃可成就。君如尧、舜，臣如禹、稷、契、皋陶、伯益，方做到能尽其分，岂有加哉！观其"严恭寅畏""都俞吁咈"丁宁诰诫之辞，兢兢业业，岂有一毫矜伐于其间？此最学者所当深味。伊尹之告太甲，傅说之告高宗，周公之告成王，其言又为如何？《礼运》曰：禹、汤、文、武、成王、周公，"此六君子者，未有不谨于礼者也"。学至圣人，也只是个"谨于礼"，才有不谨，即便放倒，如何能立？故曰立身，曰立事，曰立政，皆谓确乎不拔，不为外物之所摇动，必有刚大之气，乃可语于立。子有"未见刚者"之叹。如曾子在孔门，可谓刚者，观其言可见，而曾子最谨于礼。仲弓宽弘简重，亦谨于礼者，许其可使南面。学者渐濡于《书》教之久，必能有见于此，而后知"立于礼"之言与《书》教相通也。

应迹之说，学者一时未喻，可求之《孟子》。如曰："禹、稷、颜子易地则皆然。"地即谓迹也。大行不加，穷居不损，其本不异也。舜饭糗茹草，若将终身，自耕稼陶渔，以至为帝，若固有之，可谓能行其典礼矣。孔子无可无不可，布衣穷居，虽不得位，而尧、舜、禹、汤、文、武之道在是焉。故程子曰："尧、舜事业如一点浮云过太虚。"学者必由迹以观本，而不徒滞其迹以求之，乃可以得圣人之用心，然后于"应迹不同，其致一也"之旨无惑也。如是乃可与言《书》，可与论政矣。以上说问政为《书》教义竟。

礼乐教上

何言乎答问孝皆礼乐义也？礼者，天地之序。乐者，天地之和。《易·序卦》曰："有夫妇然后有父子，有父子然后有君臣，有君臣然后有上下，有上下然后礼义有所错。"此自然之序也。《虞书》舜命契曰："百姓不亲，五品不逊，汝作司徒，敬敷五教在宽。"五教之目，皆因其秉彝之所固有而道之，使亲睦逊顺，天性呈露，不能自已，则是和之至也。故曰："人人亲其亲，长其长，而天下平。"《礼运》曰："圣人以天下为一家，以中国为一人。""父慈，子孝，兄良，弟弟，夫义，妇听，长惠，幼顺，君仁，臣忠，十者谓之人义；讲信修睦，谓之人利；争夺相杀，谓之人患。"十义者亦因五教之目而广之。所谓人利、人患者，亦即亲与不亲、逊与不逊之别耳。礼乐之义，孰有大于此者乎？而行之必自孝弟始，故《孝经》一篇，实六艺之总归，所以谓之至德要道，

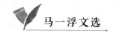

以顺天下也。"爱亲者，无敢恶于人；敬亲者，无敢慢于人。爱敬尽于事亲，而德教加于百姓，刑于四海。"举是心以推之而已。有子曰："君子务本，本立而道生。孝弟也者，其为仁之本欤？"孟子曰："仁之实，事亲是也；义之实，从兄是也；知之实，知斯二者弗去是也；礼之实，节文斯二者是也；乐之实，乐斯二者，乐则生矣，生则恶可已也。"有子、孟子之言，皆至精本实，皆直指本心之体。一切大用，皆从此流出，故曰生。但有子单约行仁言，孟子则兼举四德而终之以乐，其义尤为该备。伊川作《明道行状》云："知尽性至命必本于孝弟，穷神知化由通于礼乐。"此以孝弟与礼乐合言，性命与神化并举。行孝弟，则礼乐由此生，性命由此至，神化由此出；离孝弟，则礼乐无所施，性命无所丽，神化无所行。故知孝弟则通礼乐矣，尽孝弟则尽性命矣，尽性命则穷神化矣。离此而言礼乐，则礼乐为作伪也；离此而言性命，则性命为虚诞也；离此而言神化，则神化为幻妄也。故曰本曰实，皆克指此心发用之所由来，舍此则何由以见之邪？故知性命不离当处，即在伦常日用中现前一念。孝弟之心，实万化之根原，至道之归极。故曰："孝弟之至，通于神明，光于四海，无所不通。"自来料简儒家与二氏之异者，精确无过此语，学者当知。今引伊川原文，略为附释如下：

伊川作《明道行状》，叙明道为学，自十五六时，闻周茂叔论道，遂慨然有求道之志。"未知其要，泛滥诸家，出入释、老者几十年，返求诸六经而后得之。明于（人伦）〔庶物〕，察于（庶物）〔人伦〕，知尽性至命必本于孝弟，穷神知化由通于礼乐。辨异端似是之非，开百代未明之惑。秦、汉而下，未有臻斯理也。"初言"未知其要"，继言"返求而得"。"知尽性至命"二句，明此乃真为道要。前所求而未知者，未知此理也。后之返求而得者，实知此理，实臻此理而已。以下料简异学之过。"自谓〔之〕穷神知化，而不足以开物成务，言为无不周遍，实则外于伦理"，亦即与此二句相违，义至明显。学者切当于此着眼，自己体究，与此理相应即是，与此理相违即不是。言"尽性至命"者，就天所赋而言，则谓之命；就人所受而言，则谓之性：其实皆一理也。物与无妄谓之赋，各一其性谓之受。万物一太极，一切即一也。物物一太极，一即一切也。《大戴礼·本命篇》"分于道谓之命，形于一谓之性"，犹以气言，不及伊川"天赋""人受"纯以理言。此理人所同具，初无欠缺。尽是尽此理而不遗，至是至此理而不过。尽以周匝无余为义，至以密合无间为义。孟子曰："人之（所不虑而知者其良知也）所不学而能者，其良能也；〔所不虑而知者，其良知也〕。孩提之童，（莫）〔无〕不知爱其亲也；及其长也，（莫）〔无〕不知敬其兄也。"天地万物本是一体，即本此一理，本此一性，本此一命。不知性者，迷己为物，徇物丧己，执有物与己为对，于是有取之心生而以物为外，以其有外，则物我间隔，不能相通，遂成睽乖之象，此《睽》之所以继《家人》也。唯赤子之心，其爱敬发于天然，视其父母兄弟犹一体，无有能所之分、施报之责，此其情为未睽。以父母之性为性，以父母之命为命，而己无与焉，此谓全身奉父，无一毫私吝于其间，序之至，和之至也。人能保是心，极于《孝经》之"五致"，是之谓致良知，尽性至命之道在是矣。乐自顺此生，礼自体此作。妙用无方之谓神，流行合同之谓化。穷者，究极之称。知者，实证之量。通则交参互入，彻始彻终，无往而非礼乐，即无往而非神化矣。"不言而信"，"不动而（敬）〔变〕，无为而成"，"不疾而速"，"不行而至"，"立之斯立，道之斯行，绥之斯来，动之斯和"，此皆极言礼乐自然之效，神化之至也。故曰："尧、舜之道，孝弟而已矣。""夫子之道，忠恕而已矣。"圣人所过者化，所存者神，岂有他哉！充扩得去时，天地变化草木蕃；充扩不去时，天地闭，贤人隐。"人而不仁，如礼何？人而不仁，如乐何？""亲亲而仁民，仁民而爱物。"言举是心加诸彼而已矣。忠恕即礼乐之质也，礼乐即孝弟之

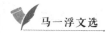

施也，神化即性命之符也。《孝经》曰："教民亲爱，莫善于孝；教民礼顺，莫善于弟；移风易俗，莫善于乐；安上治民，莫善于礼。礼者，敬而已矣。故敬其父则子悦，敬其兄则弟悦，敬其君则臣悦，敬一人而千万人悦。所敬者寡而所悦者众，此之谓要道也。""教以孝，所以敬天下之为人父者也；教以弟，所以敬天下之为人兄者也；教以臣，所以敬天下之为人君者也。《诗》云：'岂弟君子，民之父母。'非至德孰能顺民如此其大者乎？"此皆以孝弟与礼乐合言，明其为至德要道。虽单提一"敬"字，然言"悦"、言"顺"及引《诗》言"岂弟"，皆乐义也。故言孝弟则礼乐在其中矣，言礼而乐亦在中矣。《大学》曰："君子不出家而成教于国。孝者，所以事君也；弟者，所以事长也；慈者，所以使众也。一家仁，一国兴仁；一家让，一国兴让；一人贪戾，一国作乱。""其为父子兄弟足法，而后民法之。""上老老而民兴孝，上长长而民兴弟，上恤孤而民不倍，是以君子有絜矩之道也。"所谓治国在齐其家，平天下在治其国，皆以孝弟慈为本。其言兴仁、兴让、兴孝、兴弟、不倍者，以其自然之效言之，亦乐义也。学者知此，则于伊川以孝弟与礼乐合言之旨可以无疑，而于《论语》问孝之为礼乐义亦可以思过半矣。

礼乐教中

以四悉檀配之。答孟懿子曰："无违。"世界悉檀也。答孟武伯曰："父母唯其疾之忧。"为人悉檀也。答子游曰："不敬何以别乎？"答子夏曰："色难。"对治悉檀也。答或问禘之说曰："知其说者之于天下也，其如示诸斯乎！"指其掌。第一义悉檀也。又一一悉檀皆归第一义，推之可知。"生，事之以礼；死，葬之以礼，祭之以礼。"特拈出一"礼"，养生送死之义尽矣。君子跬步不敢忘亲，谨于礼之至也。"一朝之忿，忘其身以及其亲"，为父母忧之大者。《中庸》曰："无忧者，其唯文王乎？以王季为父，以武王为子，父作之，子述之。"无忧之至，即乐之至也。能养而不能敬，则礼阙矣。《祭义》曰："孝子之有深爱者，必有和气；有和气者，必有愉色；有愉色者，必有婉容。"不知"色难"，则乐阙矣。曾子曰："大孝尊亲，其次弗辱，其下能养。"公明仪问于曾子曰："夫子可以为孝乎？"曾子曰："君子之所谓孝者，先意承志，谕父母于道。参直养者也，安能为孝乎？""身也者，父母之遗体也。行父母之遗体，敢不敬乎？居处不庄，非孝也；事君不忠，非孝也；莅官不敬，非孝也；朋友不信，非孝也；战阵无勇，非孝也。五者不遂，灾及于亲，敢不敬乎？"夫五者不遂皆疾也，灾及于亲，为亲忧也。又曰："亨熟膻芗，尝而荐之，非孝也，养也。君子之所谓孝也者，国人称愿然曰：幸哉！有子如此。所谓孝也已。众之本教曰孝，其行曰养。养可能也，敬为难；敬可能也，安为难；安可能也，卒为难。父母既没，慎行其身，不遗父母恶名，可谓能终矣。仁者仁此者也，礼者履此者也，义者宜此者也，信者信此者也，强者强此者也。强即是勇。乐自顺此生，刑自反此作。"又曰："夫孝，置之而塞乎天地，溥之而横乎四海，施诸后世而无朝夕，推而放诸东海而准，推而放诸西海而准，推而放诸南海而准，推而放诸北海而准。《诗》云'自西自东，自南自北，无思不服'，此之谓也。"又曰："小孝用力，中孝用劳，大孝不匮。思慈爱忘劳，可谓用力矣；尊仁安义，可谓用劳矣；博施备物，可谓不匮矣。"曾子亲传《孝经》，今二《戴记》凡言丧祭义者，多出曾子，无异为《孝经》作传。观其推言礼乐之大而严孝养之别，出于孔子答问孝之旨可知也，但孔子之言约，曾子之言广耳。子曰："父在，观其志；父没，观其行。三年无改于父之道，可谓孝矣。"此与《中庸》"武王、周公其达孝矣乎？夫孝者，善继人之志，善述人之事者也"同旨。曾子曰："慎终追远，民德归厚矣。"礼莫重于丧祭，丧礼是慎终，祭礼是追远，故"丧祭之礼废"则"倍死忘生者众"，"明乎郊社之礼，禘尝之义，治国其如示诸掌乎"，皆善继善述之推也。《郊特牲》曰：

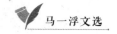

"万物本乎天，人本乎祖。"社者，祭地而主阴气。郊者，大报天而主日。地载万物天垂象，取财于地，取法于天，是以尊天而亲地也。社所以报本反始也，"郊之祭也，大报本反始也"。《祭统》曰："祭有四时：春祭曰礿，夏祭曰禘，秋祭曰尝，冬祭曰烝。礿、禘，阳义也。尝、烝，阴义也。禘者，阳之盛也。尝者，阴之盛也。""古者于禘也，发爵赐服，顺阳义也；于尝也，出田邑，发秋政，顺阴义也。"故曰："禘尝之义大矣，治国之本也。"荀子曰："礼有三本：天地者，生之本也；先祖者，类之本也；君师者，治之本也。无天地恶生？无先祖恶出？无君师恶治？三者偏亡焉，无安人。故礼上事天，下事地，尊先祖而隆君师，是礼之三本也。"《孝经》曰："昔者明王事父孝，故事天明；事母孝，故事地察；长幼顺，故上下治。天地明察，神明彰矣。"神明彰，犹言神化著明也。《哀公问》引孔子曰："古之为政，爱人为大。不能爱人，不能有其身；不能有其身，不能安土；不能安土，不能乐天；不能乐天，不能成其身。"公曰："敢问何谓成身？"孔子对曰："不过乎物。"公曰："敢问君子何贵乎天道也？"孔子对曰："贵其不已，如日月东西相从而不已也，是天道也；不闭其久，是天道也；无为而物成，是天道也；已成而明，是天道也。""仁人不过乎物，孝子不过乎物，是故仁人之事亲也如事天，事天如事亲。是故孝子成身。"《孝经》曰："父母生之，续莫大焉；君亲临之，厚莫重焉。"综上来诸义观之，则知所谓"无改"，所谓"善继善述"，所谓"报本""追远"，所谓"事天""事亲"，所谓"爱人""成身"，所谓"续莫大焉""厚莫重焉"者，皆一理也。今略释《哀公问》"爱人""成身"义，余可准知。夫言"不能有其身"，是无身也。"爱人为大"者，无私之谓大，私则小矣。对天言则谓之仁人，对亲言则谓之孝子。爱人者，本爱亲之心以推之，故"不独亲其亲，不独子其子"，"老者安之，朋友信之，少者怀之"，使天下无一物不得其所，然后乃尽此心之量，是以天地万物为一身也。"不过乎物"者，如理如量之谓，独言不遗也。《易·大传》曰："曲成万物而不遗。"身外无物，成物之事，即成身之事。成之为言全也。"父母全而生之，子全而归之"，无一毫亏欠，斯谓之全。物亦身也，物有亏欠，则身有亏欠，若以物为外，则外其身，遗身而恶物与徇物而丧己者其病是同。以其所谓身者私己也，私其身者，亦以物为可私，于是人与我睽，身与物睽。执有身见，有物见，有人见，有我见，则天地万物皆外矣。孝子之身则父母之身也，仁人之身则天地之身也。乐正子春曰："吾闻诸曾子，曾子闻诸夫子曰：'不亏其体，不辱其身，可谓全矣。'"此成身之义，即继述之义，即报本之义，亦即相续之义、不已之义也。横渠《西铭》实宗《孝经》而作，即以事天事亲为一义，故曰"天地之塞吾其体，天地之帅吾其性"，"存吾顺事，没吾宁也"，斯可谓成身矣。"乾称父，坤称母"，斯能达孝矣。"民吾同胞，物吾与也"，斯能达弟矣。《祭义》曰："先王之所以治天下者五：贵有德，贵贵，贵老，敬长，慈幼。此五者，先王之所以定天下也。贵有德，〔何为也，〕为其近于道也；贵贵，为其近于君也；贵老，为其近于亲也；敬长，为其近于兄也；慈幼，为其近于子也。"五者皆即孝弟之心以推之。又曰："虞、夏、殷、周，天下之盛王也。未有遗年者。""七十杖于朝，君问则席，八十不俟朝，君问则就之，而弟达乎朝廷矣。""见老者则车徒辟，斑白者不以其任行乎道路，而弟达乎道路矣。居乡以齿，而老穷不遗，强不犯弱，众不暴寡，而弟达乎州巷矣。""五十不为甸徒，颁禽隆诸长者，而弟达乎搜狩矣。军旅什伍，同爵则尚齿，而弟达乎军旅矣。"是故礼乐之兴，皆孝弟之达也。继天立极，为事亲之终也；尽性至命，即孝子之成身也；穷神知化，即天道之不已也：礼乐之义孰大于是？

礼乐教下

子夏问"何如斯可谓民之父母？"孔子答以"必达于礼乐之

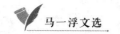

原"。孝弟者，即礼乐之原也。《礼运》曰："夫礼，必本于天，殽于地，列于鬼神，达于丧祭、射乡、冠昏、朝聘。乡，今本作"御"，误。据《仲尼燕居》"射乡之礼，所以仁乡党也"，正当作"乡"。邵懿辰《礼经通论》谓以形近而误，良是。故圣人以礼示之，〔故〕天下国家可得而正也。"《仲尼燕居》曰："郊社之义，所以仁鬼神也；尝禘之礼，所以仁昭穆也；馈奠之礼，所以仁死丧也；射乡之礼，所以仁乡党也；食飨之礼，所以仁宾客也。"皆本此一念以推之。以天地万物为一体，即是合天地万物为一身也。《仪礼·丧服传》是子夏所作，其义至精，即明一体之义，尊尊亲亲，有从服，有报服，故曰："父子一体也，夫妻一体也，昆弟一体也。"与尊者一体则为之从，如为世父、叔父期。旁尊则为之报。如为昆弟之子期。父至尊也，父为长子亦三年。"正体于上，又乃为所传重也"，谓为先祖之继体也。"为人后者"，为其所后三年。"受重者必以尊服服之。""大宗者，尊之统也。""尊祖故敬宗，敬宗者，尊祖之义也。""禽兽知有母而不知父，野人曰父母何算焉，都邑之士则知尊祢矣，大夫及学士则知尊祖矣。诸侯及其太祖，天子及其始祖之所自出。"此以庙制言之，天子七庙，诸侯五庙，大夫三庙，适士二庙，中下士一庙。故曰："尊者尊统上，卑者尊统下。"上下犹远近也。德厚者，其文缛，所推者远也。由报本反始推之，极于天地；由仁民爱物推之，极于禽兽草木：使各得其理，各遂其生。故伐一木、杀一兽不以其时，非孝也。斧斤以时入山林，网罟以时入川泽。仁政之行，必推致其极，然后可以充此心之量，尽礼乐之用也。

"宰我问三年之丧期已久矣"一章，是圣人吃紧为人处，即丧礼之要义也。"于汝安乎"，先令反求诸心。"汝安，则为之"，绝之严、责之深矣。及宰我出，子曰："予之不仁也！子生三年，然后免于父母之怀。夫三年之丧，天下之通丧也，予也有三年之爱于其父母乎？"故非孝者无亲，为短丧之说者皆不仁之甚，圣人之所绝也。《礼记》"三年问"一篇，即明此章之义。故曰："三年之丧，人（类）〔道〕之至文者也"，"是百王之所同，古今之所壹也，未有知其所由来者也"。此见文野之分于此判之。言"未有知其所由来"者，谓其由来已久也。滕文公为世子，其父定公薨，使其傅然友问于孟子而行三年之丧。其时滕之群臣皆不欲，曰："吾宗国鲁先君莫之行，吾先君亦莫之行也。"当孟子之时，诸侯已不能行三年丧，故孟子引曾子之言，而谓"诸侯之礼，吾未之学；虽然，吾尝闻之：三年之丧，齐疏之服，饘粥之食，自天子达于庶人，三代共之"。据《尧典》曰："二十有八载，（放勋）〔帝〕乃徂落，百姓如丧考妣。三年，四海遏密八音。"是唐、虞已然。《孟子》复有"尧、舜、禹崩，三年之丧毕"之文，是必《书》说之佚者。可证唐、虞之时，臣民之为君丧亦三年，犹父母也。朱子曰："'丧礼''经界'两章，见孟子之学，识其大者。是以虽当礼法废坏之后，制度节文不可复考，而能因略以致详，推旧而为新，不屑屑于既往之迹，而能合乎先王之意，可谓命世亚圣之才矣。"今人与言井田之制，或犹以为古代经济制度在所当知；与言丧服，则罕有知其为礼之大本者，读《论》《孟》可以思其故矣。

《三年问》曰："凡生天地之间〔者〕，有血气之属，必有知；有知之属，莫不知爱其类。今是大鸟兽，〔则〕失丧其群匹，越月逾时焉，则必反巡，过其故乡，翔回焉，鸣号焉，踯躅焉，踟蹰焉，然后乃能去之。小者至于燕雀，犹有啁噍之顷焉，然后乃能去之。故有血气之属者，莫知于人；故人于其亲也，至死不穷。将由夫患邪淫之人欤？则彼朝死而夕忘之，然而从之，则是曾鸟兽之不若也，夫焉能相与群居而不乱乎？将由夫修饰之君子欤？则三年之丧，二十五月而毕，若驷之过隙，然而遂之，则是无穷也。故先王〔焉〕，为之立中制节，〔壹〕使足以成文理，则释之矣。"故三年之丧，称情而立文。"三年以为隆，缌小功以为杀，期九月以为间"，"人之所以群居和壹之理尽矣"，"人道之至文

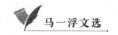

者也"。在《易·涣》之象曰:"风行水上,涣。先王以享于帝,立庙。"夫人心不和壹则离散,所以系人心、合离散之道莫大于宗庙祭祀,故丧祭之礼重焉。《檀弓》曰:"太公封于营丘,比及五世,皆反葬于(其周)〔周〕。君子曰:'乐,乐其所自生;礼,不忘其本。'古之人有言曰:'狐死正丘首。'仁也。"《曲礼》曰:"国君去其国,止之曰:'奈何去社稷也?'大夫曰:'奈何去宗庙也?'士,曰:'奈何去坟墓也?'"今责人以爱国而轻去其礼,爱国之心何自而生乎?《礼运》曰:"礼之于人也,犹酒之有糵也,君子以厚,小人以薄。""唯圣人知礼之不可以已也,故坏国、丧家、亡人,必先去其礼。"《经解》曰:"以旧坊为无所用而坏之者,必有水败;以旧礼为无所用而去之者,必有乱患。"《乐记》曰:"土敝则草木不长,水烦则鱼鳖不大,气衰则生物不遂,世乱则礼慝而乐淫。"故厚于礼则治,薄于礼则乱,孝弟薄而丧祭之礼废,则倍死忘生者众。教民不倍,则必自重丧祭始矣。

《檀弓》引孔子曰:"之死而致死之,不仁而不可为也。之死而致生之,不知而不可为也。"子游曰:"人死,斯恶之矣,无能焉,斯倍之矣。是故制绞衾,设蒌翣,为使人勿恶也。始死,脯醢之奠,将行,遣而行之,既葬而食之,未有见其飨之者也。自上世以来,未之有舍也。为使人勿倍也。"是故"事死如事生,事亡如事存","祭如在,祭神如神在","洋洋乎如在其上,如在其左右。"散斋七日,致斋三日,乃见其所为。斋者,僾乎如有见,忾乎如有闻,精诚之至而后可以交于神明。曰:"庶或飨之,庶或飨之,孝子之志也。"谢上蔡曰:"祖考的精神即是自家的精神。是故孝弟之至,通于神明,光被四表,格于上下,皆此精神为之。"故凡有血气,莫不尊亲,此神化自然之效也。

复次当知《论语》中凡言"不争"者,皆《礼》教义,凡言"无怨"者,皆《乐》教义。《诗》曰:"神罔时怨,神罔时恫。"《孝经》曰"行满天下无怨恶",孝之格也;"礼让为国"，"在丑不争"，弟之达也。故曰："求仁而得仁，又何怨"，"不念旧恶，怨是用希"，"在邦无怨，在家无怨"，"不怨天，不尤人"，皆本于孝也。"揖让而升，下而饮，其争也君子"，"绥之斯来，动之斯和"，"于乡党恂恂如也，似不能言者"，皆本于弟也。《乐记》曰："乐至则无怨，礼至则不争。暴民不作，诸侯宾服，兵革有试，五刑不用，百姓无患，天子不怒，如此则乐达矣。合父子之亲，明长幼之序，以敬四海之内，〔天子〕如此，则礼行矣。"又曰："万物之理，各以类相动也。是故君子反情以和其志，比类以成其行；奸声乱色，不留聪明；淫乐慝礼，不接心术；"放郑声，远佞人"，即是义。惰慢邪僻之气，不设于身体：使耳目鼻口心知百体皆由顺正，以行其义。""耳目聪明，血气和平，移风易俗，天下皆宁。故曰：乐者，乐也。君子乐得其道，小人乐得其欲。以道制欲则乐而不乱，以欲忘道则惑而不乐。是故君子反情以和其志，广乐以成其教。乐行而民乡方，可以观德矣。"是故情深而文明，气盛而化神，和顺积中而英华发外，夫是之谓"成于乐"也。《论语》凡言"礼乐"义者，不可殚举，今特拈孝弟为仁之本，略明丧祭之要。学者能引而申之，触类而长之，庶可达乎礼乐之原，而尽性至命、穷神知化亦在其中矣。

易教上

上来据《论语》略说《诗》《书》《礼》《乐》义，今当略说《易》义。夫义理无穷，非言说可尽，贵在自得自证。圣人垂教，亦是将此个有言底显那无言底，故曰："不愤不启，不悱不发。举一隅不以三隅反，则不复也。"为实施权，开权显实，一切名言施设皆权也。六艺只是人人自性本具之实理，今为显示此实理，故权示言说。学者须是合下持循，方可悟入。知此实理不待他求，不为诸魔外道所惑，不被一切违顺境界所转，方能有之于己。否则拈一放一，只成另一种知解，依旧业识茫茫，无本可据。须知此理不是知解边事，说得便休，纵有解会，不实在用力，只是自瞒。子曰：

"（苟）〔有〕能一日用其力于仁矣乎？吾未见力不足者。盖有之矣，我未之见也。"前说学是知仁，道是行仁；学是知性，道是率性。真能用力，始名为学，不然只是好而不学，便成六言六蔽，况若存若亡，尚未足以言好者乎。《论语》言"学诗""学礼"，才举一"学"字，便见功夫实有用力处，不指占毕诵数记问训解而言。能言能立，便见学之效验。如言"时习"是功夫，"悦怿"便是效验。"学"字下得甚重，其间大有事在，急须着眼，不可泛泛寻求，忽忽涉猎，以当平生；亦不可以强探力索、妄生穿凿为能事。学须是学圣人。今欲说《易》，先举一例，乃是绝好榜样。子曰："加我数年，卒以学《易》，可以无大过矣。"又曰："朝闻道，夕死可矣。"上句是指工夫，下句是指效验。此是何等语！《史记·孔子世家》称孔子晚而好《易》，读《易》韦编三绝。据《孔子世家》，孔子以定公十四年去鲁，是时孔子五十六岁，至哀公十一年自卫反鲁，年将七十矣。删《诗》《书》，定《礼》《乐》，赞《易》修《春秋》，皆在是时。哀公十六年，孔子卒，年七十三。是时孔子年将七十，犹有"可无大过"之言。此是何等气象！"五十而知天命，六十而耳顺，七十而从心所欲，不逾矩。"此必是七十以后之言。可知"无大过"与"不逾矩"是同是别，正好会取。"朝闻""夕死"，虽不知何时所言，然语脉却与此章一例，亦非早年之说可知也。圣人到七十之年，尚自居学地，其言如此，学者其可轻言已学已闻邪？《十翼》是孔子所作，欲知学《易》之道，当求之《十翼》。《系辞传》曰："君子所居而安者，《易》之序也；所乐而玩者，爻之辞也。是故君子居则观其象而玩其辞，动则观其变而玩其占。"此示学《易》之道也。又曰："《易》之为书也不可远，为道也屡迁，变动不居，周流六虚，上下无常，刚柔相易，不可为典要，唯变所适。其出入以度外内，使知惧，又明于忧患与故。无有师保，如临父母。初率其辞而揆其方，既有典常。苟非其人，道不虚行。"又曰："《易》之兴也，其当殷之末世、周之盛德邪？当文王与纣之事邪？是故其辞危。危者使平，易者使倾。其道甚大，百物不废。惧以终始，其要无咎。此之谓《易》之道也。"明此两节，乃知学《易》用力处何在。与《论语》"可无大过"之言相应。亦犹禅家所谓识法者惧也。"吉凶者，失得之象也；悔吝者，忧虞之象也。""八卦以象告，爻象以情言，刚柔杂居而吉凶可见矣。""吉凶以情迁"，即所谓"屡迁"也。"刚柔相推而生变化"，即所谓"变动不居，周流六虚，上下无常，刚柔相易"也。"唯变所适"，故不容不惧。"吉凶者，贞胜者也"，"知进退存亡而不失其正者，其唯圣人乎"。贞，胜也。"变动以利言"。利，贞也。利贞者，性其情也。元亨是性德，利贞是修德。"无过"者，利贞也。"从心所欲不逾矩"者，元亨也。故濂溪曰："元亨诚之通，利贞诚之复。"程子每曰："'象也者，象此者也；爻也者，效此者也。'此是何谓？以此教人致思。"法象莫大乎天地，变通莫大乎四时，皆明圣人修德之事，故"与天地合其德，与四时合其序"。岂曰心外有法，如今人所名为宇宙论者，以天地万物为外邪？

何以举"朝闻夕死"一章为《易》义？以欲明死生之故，必当求之于《易》。凡民皆以死生为一大事而不暇致思。求生而恶死，生不能全其理，死亦近于桎梏而非正命，此谓虚生浪死；唯闻道者则生顺而没宁，乃是死生之正。孟子所谓"尽其道而死者，正命也"，《易》"穷理尽性以至于命"，乃此所谓道也。闻非口耳之事，乃是冥符默证，澈法源底圆悟真常，在佛氏谓之了生脱死。"朝""夕"极言其时之近。闻道之人，胸中更无余疑，性体毫无亏欠，则死生一也，岂复尚留遗憾？故谓生死如门开相似，若有一毫微细所知愚未断者，终无自由分，"朝闻"之事岂易言哉！《系辞传》曰："原始反终，故知死生之说。精气为物，游魂为变，是故知鬼神之情状。"又曰："通乎昼夜之道而知。"于此荐得，庶几可语于"朝闻"矣。佛氏言分段生死，只是"精气为物"；言轮

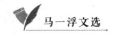

回，只是"游魂为变"；言变易生死，虽较微细，犹在生死边，未至涅槃。须知"夕可"直是涅槃义。见不生灭，见无生死，而后于生死乃能忍可。所言"可"者，犹佛氏言无生法忍也。《楞伽》云："一切法不生，我说刹那义，当生则有灭，不为愚者说。"言"朝夕"者，犹刹那义也。死生之义，佛说为详。然彼土之言虽多，亦无所增；此土之言虽简，亦无所欠。此在学者善会。先儒不好举佛说，亦无过也。庄子亦深明死生之故，如言"适来夫子时也，适去夫子顺也。安时而处顺，哀乐不能入也"。此亦似顺受其正，但其言外天下而后能外物，外物而后能外生，以死生为外，则不是。又托为仲尼之言曰："哀莫大于心死，而人死亦次之。""吾一受其成形，而不化以待尽，效物而动，日夜无隙，而不知其所终。""知命不能规乎其前，丘以是日徂。吾终身与汝交一臂而失之，可不哀欤？"此言变化不可执而留。若哀死者，则此亦可哀也。今人未尝以此为哀，奚独哀死邪？彼言人死，乃分段生死；言心死，则指变易生死。独于刹那不生灭之义，似尚隔一尘耳。学者须念"朝闻夕死"之说圣人言之特重，此实《易》教之大义也。

易教下

《肇论》云："道远乎哉，触事而真；圣远乎哉，体之即神。"肇公直是深于《易》者。《易》道至近而人以为远。言《易》者往往舍近而求诸远，遂以为神秘，以为幽玄，泥于象数，拘于占筮，终身不得其旨，而不知日用之间无往而非《易》也。《十翼》之文，较然明白，学者不悟，妄生穿凿，圣人亦无如之何。明明说"圣人以此洗心，退藏于密"；明明说"圣人以此斋戒，以神明其德"；明明说"因贰以济民行，以明失得之报"；明明说"和顺于道德而理于义，穷理尽性以至于命"；学者只是求之于外，如何得相应去？凡大象及《系传》中所用"以"字，皆须着眼，不可放过。此即示人学《易》之道也。圣人教人，皆是觌面提持，当体指示，绝无盖覆。故曰："二三子以我为隐乎？吾无隐乎尔。吾无行而不与二三子者，是（吾）〔丘〕也。"会得此章，便见圣人日用处全体是《易》，《易》道亦至显而非隐也。道无隐显，因人心之有隐显而为隐显。故曰：盲者不见，非日月咎。《系传》每以《易》之为书与《易》之道并举，书指言教所诠之实理，道即指此实理之发用处而言。譬如以指标月，须是因指见月，不可执指忘月，以指为月。"爻象动乎内，吉凶见乎外，功业见乎变，圣人之情见乎辞"。学者因辞而有以得圣人之情，然后知爻象、吉凶、功业皆实有着落，乃于三易之义昭然可以无疑矣。

今举"子在川上"章略显此理，此即于迁流中见不迁，于变易中见不易也。"逝者如斯夫"是法、喻并举。"逝"言一切法不住也，"斯"指川流相。一切有为诸法，生灭行相，逝而无住，故非常；大化无为，流而不息，不舍昼夜，故非断。法尔双离断常，乃显真常不易之实理。断常二见之常，是刻定死常，与真常之常不同。妄计诸有，不坏灭，是死常；法尔如然，无有生灭，乃是真常。此须料简。朱子曰：道体之本然，"真可指而易见者，莫如川流"。故于此发以示人，欲学者时时省察而无毫发之间断也。程子曰："天运而不已，日往则月来，寒往则暑来，水流而不息，物生而不穷，皆与道为体，运乎昼夜，未尝已也。是以君子法之，自强不息。及其至也，纯亦不已。"此乃显示真常也。《朱子语录》略谓道无形体，非指四者为道体，但因此可见道之体耳。道无声无臭，寻那无声无臭处，如何见得？因此方见那无声无臭底，所以说与道为体。这"体"字却粗。如邵子曰："心者，性之郭郭；性者，道之形体。"此类名言，皆不可泥。又谓："自汉以来，儒者皆不识此义。"某谓禅师家却识得此义，如赵州云："汝等诸人被十二时使，老僧使得十二时。"赵州不必定读《论语》，却深得"川上"之旨。亦如肇公不必定读《易》，其作《物不迁论》却深得变易即不易之旨。参活句莫参死句，乃可与言学《易》也。

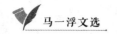

《乾凿度》云："易者，其德也；变易者，其气也；不易者，其位也。""位"字若改作"理"字，其义尤显。自佛氏言之，则曰：变易者，其相也；不易者，其性也。故《易》教实摄佛氏圆顿教义。三易之义，亦即体、相、用三大：不易是体大，变易是相大，简易是用大也。《中庸》正义引贺场云："性之与情，犹水之与波。静时是水，动则是波；静时是性，动则是情。"《楞伽》云："诸识有二种生住灭，谓流注及相，诸识有三种相，谓转相、业相、真相。转相、业相可灭，真相不灭。偈云：譬如巨海浪，斯由猛风起。洪波鼓冥壑，无有断绝时。藏识海常住，境界风所动。种种诸识浪，腾跃而转生。"《起信论》宗《楞伽》而作，有两段文与贺场语绝相似。一"显智净相"文云："如大海水因风波动，水相风相不相舍离，而水非动性，若风止灭，动相则灭，湿性不坏故。如是众生自性清净，心因无明风动，心与无明俱无形相，不相舍离，而心非动性，若无明灭，相续则灭，智性不坏故。"一"答二种生灭征诘灭义"文曰："所言灭者，唯心相灭，非心体灭。如风依水而有动相，若水灭者则风相断绝，无所依止。以水不灭，风相相续，唯风灭故，动相随灭，非是水灭。无明亦尔，依心体而动，若心体灭则众生断绝，无所依止，以体不灭，心得相续，唯痴灭故，心相随灭，非心智灭。"学者当知佛氏所言生灭即变易义；言"不生不灭"者，即不易义；若"不变随缘，随缘不变"，即简易义也。"川上"一语，可抵大乘经论数部。圣人言语简妙亲切如此，善悟者言下便荐，岂在多邪？

再举"予欲无言"一章，以显性体本寂而神用不穷。离于言说，会者当下即是，不会者只在言语边取。如子贡曰："子如不言，则小子何述焉？"孔子不惜眉毛，即就现前与之点破，可惜子贡无后语，故谓"夫子之言性与天道，不可得而闻"。不知"四时行""百物生"即此全是天道，岂别有一个性与天道？又岂假言说方显邪？"天地之道，贞观者也；日月之道，贞明者也；天下之动，贞夫一者也。夫乾确然，示人易矣；夫坤馈然，示人简矣。"明明示人简易，不待言说，而人自不荐，圣人亦末如之何。故曰："书不尽言，言不尽意。""圣人之意，其不可见乎？""神而明之，存乎其人；默而成之，不言而信，存乎德行。"以《系辞传》与"无言"章对勘，而后圣人之意可知也。知《易》是最后之教，此章亦是圣人最后之言。如佛说：我四十九年不曾说一字而涅槃，扶律谈常，实为末后之教。故《涅槃》之常乐我净四德，亦如《乾》之元亨利贞也。此非言说所及，必须自悟。今略举此数章以为说者，欲使学者知圣人吃紧为人处，方识得学《易》当如何用力。决非如昔之象数论，今之宇宙论所可几耳。有人问圆悟勤如何是诸佛出身处，答曰："薰风自南来，殿阁生微凉。"大慧杲即于此句下得悟，此却深得"四时行""百物生"之旨。今学者如问《易》道如何体会？有一语奉答，曰：吾尝于此切思之。

春秋教上

已据《论语》略明《易》义，今当略明《春秋》义。董生云：不明乎《易》，不能明《春秋》。《易》本隐以之显，《春秋》推见至隐；《易》以天道下济人事，《春秋》以人事反之天道：实则隐显不二，天人一理。故《易》与《春秋》者，圣人之全体大用也。用处难知，只为体上不了，故非义精仁熟不容轻说《春秋》。若以私意窥测圣人，决无是处，贤如游、夏，犹莫能赞一辞，故先儒说经，于《春秋》特为矜慎。今谓《春秋》大义当求之《论语》。《论语》无一章显说《春秋》，而圣人作《春秋》之旨全在其中。至显说者莫如孟子，孟子之后则董生、司马迁能言其大。三《传》自以《公羊》为主，《穀梁》次之，《左氏》述事，同于《国语》而已。自杜预独尊《左氏》而《春秋》之义益晦。至啖、赵始非杜氏，兼用三《传》，得伊川、胡文定而后复明。此其源流，当俟别讲。今先引《孟子》"公都子问好辨"章。孟子言：

"天下之生久矣,一治一乱。"从禹抑洪水,周公兼夷狄,驱猛兽,说到孔子作《春秋》,以《春秋》为天子之事;又从"人之所以异于禽兽者几希,庶民去之,君子存之",因言舜"明于庶物,察于人伦",历叙禹、汤、文、武、周公之德,说到《诗》亡而后《春秋》作。所谓"其义则丘窃取之"者,意以孔子作《春秋》乃所以继诸圣,《春秋》之义,即诸圣之道也。其言之郑重分明如此,非孟子孰能及之?《公羊》《繁露》虽有精到处,未有闳深博大如此者也。学者须先明孟子之言,然后可以求《春秋》之义,于《论语》、于《易》皆可触类而引申之。孟子引孔子曰:"道二,仁与不仁而已矣。"仁是君子之道,不仁是小人之道。凡圣之辨,义利之辨,夷夏之辨,治乱之辨,王霸之辨,人禽之辨,皆于是乎分途。此即《易》之所谓吉凶得失也。《系辞传》曰:"阳一君而二民,君子之道也;阴二君而一民,小人之道也。《易》曰:'憧憧往来,朋从尔思。'"此义甚明。盖阳卦多阴,一阳为主而众阴从之,此一君二民之象,在人则为率性。横渠谓之"性命于德",释氏谓之"随顺法性",则众生五阴转为法性五阴。阴卦多阳,一阴为主而众阳从之,此二君一民之象,在人则为顺习。横渠谓之"性命于气",释氏谓之"随顺习气",法身流转五道,名为众生。阳卦奇性,唯一理也;阴卦耦习,有多般也。《春秋》天子之事,即圣人之事。拨乱反正,用夏变夷,皆用是道而已。上无天子,下无方伯,四夷交侵,灾害并至,此危亡之道也。《公羊》家谓《春秋》借事明义,此语得之,犹释氏所谓托事表法也。董生谓之因行事加王心。王心者,即义也,理也。邪说暴行,弑父弑君,此何事邪?孔子无位而托二百四十年南面之权,一以义理裁之而已。二百四十年如此,二千四百年亦如此。子张问"十世可知",孔子答以"虽百世可知"。用《春秋》之义则治,不用《春秋》之义则乱。《遁》之象曰:"君子以远小人,不恶而严。"此《春秋》所以作也。学者知此,则知凡言君子小人、义利、王霸、夷夏、人禽、圣凡、迷悟之辨者，莫非《易》与《春秋》之旨也。但圣人用处难知。《系辞传》曰："显诸仁，藏诸用，鼓万物而不与圣人同忧。"知此则知圣人虽忧天下之深，而其大用繁兴，不动声色，因物付物，从不伤锋犯手，而其化至神。"非天下之至精，其孰能与于此？""知我者其惟《春秋》乎？罪我者其惟《春秋》乎？"此与"学《易》无大过"之言正好合看。后儒说《春秋》义者，往往于圣人用处未能窥见。甚矣，知圣之难也。

董生曰："《春秋》之道，奉天而法古。虽有巧手，弗修规矩，不能正方圆；虽有察耳，不吹六律，不能定五音；虽有智心，不览先王，不能平天下。先王之遗道，亦天下之规矩六律已。故圣人法天，贤者法圣，此其大数也。大数，犹今言公例。得大数而治，失大数而乱，此治乱之分也。"又曰："《春秋》之于世事也，善复古，讥易常。新王必改制者，非改其道，非变其理也，徙居处，更称号，改正朔，易服色而已。若夫大纲、人伦、道理、政治、教化、习俗、文义尽如故，亦何改哉？故王者有改制之名，无易道之实。"此董生言改制之义也，与子张问"十世"义同。殷因于夏，周因于殷，此其不可得与民变革者也，不易之道也，损益可知。即董生所谓改制，此其可与民变革者也，随时变易之道也。《革》之象曰："君子以治历明时。""天地革而四时成。汤、武革命，顺乎天而应乎人。革之时，大矣哉。"故曰："大亨以正，革而当，其悔乃亡。"《春秋》错举四时以为名，书日月时皆有义，以事系之，而当与不当可知也。"王者（之）〔以〕制，一商一夏，一质一文。〔商〕质者主天，〔夏〕文者主地，《春秋》〔者〕主人。"语在《繁露·三代改制质文篇》。又《说苑·修文篇》云："商者，常也。常者，质也。质主天。夏者，大也。大者，文也。文主地。"与此相应。康成释《周易》名曰："周，遍也。"由是言之，夏、殷、周乃所以表文、质、兼之义，亦即天、地、人三统也。《春秋》新王为人统，兼天与地，兼质与文，若是则从周为人统也。文质之

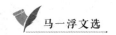

说，实本《论语》。法天象地，则本《周易》。此义甚深，善思可见。于此会得，乃可以言因革损益，乃可以言改制革命也。

《太史公自序》曰："余闻之董生曰：'周道衰废，孔子为鲁司寇，诸侯害之，大夫壅之。孔子知言之不用，道之不行也，是非二百四十二年之中，以为天下仪表，贬天子，退诸侯，讨大夫，以达王事而已矣。'子曰：'我欲载之空言，不如见之行事之深切著明也。'夫《春秋》，上明三王之道，下辨人事之纪，别嫌疑，明是非，定犹豫，善善恶恶，贤贤贱不肖，存亡国，继绝世，补敝起废，王道之大者也。""拨乱世反之正，莫近于《春秋》。""《春秋》之中弑君三十六，亡国五十二，诸侯奔走不得保其社稷者不可胜数。察其所以，皆失其本已。故《易》曰：'失之毫厘，差以千里。'故曰：'臣弑君，子弑父，非一朝一夕之故也，其渐久矣。'故有国者不可以不知《春秋》，前有谗而弗见，后有贼而不知。为人臣者不可以不知《春秋》，守经事而不知其宜，遭变事而不知其权。为人君父而不通于《春秋》之义者，必蒙首恶之名。为人臣子而不通于《春秋》之义者，必陷篡弑之诛。""夫不通礼义之旨，至于君不君，臣不臣，父不父，子不子。""此四行者，天下之大过也。""故《春秋》者，礼义之大宗也。夫礼禁未然之前，法施已然之后。法之所为用者易见，而礼之所为禁者难知。"此一段文极有精采，说得切当，非后世博士经生之所能及也。试究其义之所从出，莫不从《易》与《论语》得来，今不具引《论语》以证之，寻绎可见。

伊川《春秋传序》曰：夫子"作《春秋》，为百王不易之大法"。"斯道也，惟颜子尝闻之。'行夏之时，乘殷之辂，服周之冕，乐则韶舞'，此其准的也。后世以史视《春秋》，谓褒善贬恶而已，至于经世之大法，则不知也。《春秋》大义〔数十。其义虽大，〕炳如日星，乃易见也。唯其微辞隐义、时措（咸）〔从〕宜者为难知也。或抑或纵，或予或夺，或进或退，或微或显，而得乎义理之安，文质之中，宽猛之宜，是非之公，乃制事之权衡，揆道之模范也。"程子此言，三《传》所不能到，惜其书未成。再传而有胡文定之学，虽不尽出于伊川，然其大旨，固伊川有以启之。其序曰：《春秋》者，"史外传心之要典也"，"仲尼天理之所在"，故以天自处。"苟得其所同然"，则"《春秋》之权度在我"，此庶几能见圣人之大用者。学者观于此，而后知三科九旨之说，犹为经生之见矣。

春秋教中

《孟子》引孔子之言曰："其事则齐桓、晋文，其文则史，其义则丘窃取之矣。"太史公曰："《春秋》文成数万，其旨数千。"《春秋》经文只万六千余字。此其所谓义旨者，非如后世凡例之说，亦非谓笔削之外别有口授。以《春秋》之书虽作于晚年，而其义则孔子平日所言者皆是也，故董生谓《春秋》无达例。《繁露》今存者几于无一篇不引《论语》。但圣人精义入神之用，学者未到此田地，故难知耳。何邵公《公羊解诂序》乃谓其中多非常异义可怪之论，实未足以知圣也。胡文定曰："《春秋》公好恶则发乎《诗》之情，酌古今则贯乎《书》之事，兴常典则体乎《礼》之经，本忠恕则导乎《乐》之和，著权制则尽乎《易》之变。百王之法度，万世之准绳，皆在此书。故五经之有《春秋》，犹法律之有断例也。"此言深为得之。所以言学《春秋》为穷理之要，不但不明《易》不能明《春秋》，不明《诗》《书》《礼》《乐》，又焉能明《春秋》？得其旨者，知《春秋》即《易》也，亦即《诗》《书》《礼》《乐》也。知不学法律，焉能断案？故《易》与《春秋》并为圣人末后之教，然其义旨即可于《论语》见之，引伸触类，不可胜穷。今特举一端，以助寻绎而已。

约而言之，《春秋》之大用在于夷夏、进退、文质、损益、刑德、贵贱、经权、予夺，而其要则正名而已矣。"必也正名"一语，实《春秋》之要义。"君君、臣臣、父父、子子"，即庄生所谓道名分也。《经解》曰："属辞比事，《春秋》教也"，"《春秋》之失乱"，"其为人也"，"属辞比事而不乱，则深于《春秋》者也"。董生曰："《春秋》慎辞，谨于名伦等物者也。"孟子曰："舜（察于人伦）明于庶物，〔察于人伦〕。"是知深察名号为名伦，因事立义为等物，名伦即属辞，等物即比事也。名伦等物，得其理则治，失其理则乱。故曰"《春秋》长于治人""《春秋》之失乱""拨乱世反之正，莫近于《春秋》"也。人事浃，王道备，在得正而已矣。《易》曰："知进退存亡而不失其正者，其唯圣人乎。"心正则天地万物莫不各得其正。伦物者，此心之伦物也。世愈乱而《春秋》之文愈治者，托变易之事，显不易之理而成简易之用也。事则据乱而文致太平，非谓定、哀之世为太平也。

"张三世"，"存三统"，皆西汉经师之说，须善看，不可泥。名伦等物为正名之事。正名也者，正其心也，心正则致太平矣。是义于五始见之。五始者，元年一、春二、王三、正月四、公即位五也。今略引董生与胡文定之说以明之。董生曰："谓一元者，大始也。《春秋》变一谓之元，元犹原也。其义以随天地终始也。故元者为万物之本，而人之元在焉。安在乎？乃在乎天地之前。天地之元奚为？于此恶施于人？继天地之所为而终之也。"又曰："《春秋》何贵乎元（而言之）？元者，始也，言本正也。道，王道也。王者，人之始也。"按人元之说，乃自董生发之。《易》曰："大哉乾'元'，万物资始，乃统天。""至哉坤'元'，万物资生，乃顺承天。"又曰："乾知大始，坤作成物。"大始即根本智，成物即后得智。"先天而天弗违，后天而奉天时。"此董生所本，故又有奉天法古之义。郑康成说《尚书》"稽古"为同天，此实古义。《乾凿度》云："帝者，天称〔也〕。王者，美（称）〔行也〕。"须知帝者，谛也。天即理也。"大人者，与天地合其德"，故曰同天。"考诸三王而不缪"为法古，"建诸天地而不悖"为奉天，其义一也。又曰："《春秋》之道，以元之深，正天之端；以天之端，正王之政；以王之政，正诸侯之即位；以诸侯之即位，正竟内之治。五者俱正而化大行。"《繁露·玉英篇》。又《对策》曰："谓一为元者，视大始而欲正本也。《春秋》深探其本，〔而反〕自贵者始。胡文定《传》变"深探其本"为"深明其用"，其义一也。故为人君者，正心以正朝廷，正朝廷以正百官，正百官以正万民，正万民以正四方，四方正，远近莫不一于正。"此言亦本《孟子》。胡文定曰："元即仁也。仁，人心也。"此释董生人元之义，亦本于《易》《孟子》。五始之义大矣哉！

《春秋》始元终麟，犹《易》之首《乾》《坤》而终《既》《未》也。《论语》曰："凤鸟不至，河不出图，吾已矣夫！"然则西狩获麟而有道穷之叹，殆不虚也。此亦因事显义。王道备则鸟兽亦归其仁，人事乖则麟凤徒见其异，与瑞应之说无关。程子谓麟不至，《春秋》亦须作，是矣。《未济》之象曰："君子以慎辨物居方。"《杂卦》以《夬》终，曰："夬，决也，刚决柔也。君子道长，小人道忧也。"此皆可见圣人述作之旨。《论语》以君子始，以君子终，记者亦深知此义。《序卦》曰："物不可（以终）穷〔也〕，故受之以《未济》终焉。""方以类聚，物以群分，吉凶生矣"，故曰"君子以慎辨物居方"，亦犹《春秋》之名伦等物也。未济者，无尽之称。佛氏言众生无尽，佛法无尽。自儒者言之，则小人之道无尽，君子之道亦无尽也。故《杂卦》变其义，终《夬》。以刚决柔，以君子决去小人，即是以仁决去不仁，"拨乱世反之正也"。曰"《易》之为书也不可远，其为道也屡迁"，曰"拨乱反正，莫近于《春秋》"，学者可以知所择矣。辨物居方，名伦等物，属辞比事，皆择于斯二者而已。今谓终麟者，盖言非特人有仁与不仁而已，禽兽亦有之。麟，兽之仁者也。春秋之世，仁人不得位，仁兽之至不以时，而仁之道不可绝也。"天下有道，丘不与易。""吾非斯人之徒与而谁与？""易"之云者，易其不仁以至于仁而已。故始元者，仁之施于人也；终麟者，仁之被于物也。"仁远乎哉？我欲仁，斯仁至矣"，言近也。"斯民也，三代

之所以直道而行也"，"人之生也，直；罔之生也，幸而免"，皆
《春秋》之义也。直，正也。直道是仁，罔道即不仁。罔，无也，
犹言虚妄也。《春秋》之所以讥贬绝者，皆罔之生也。今人好言人
生哲学，先须学《春秋》、辨直罔始得。《易》曰："正大，而天
地之情可见矣。"《春秋》之所大者，大一统，大居正，于《论
语》叹尧之德见之，故曰："大哉尧之为君也！唯天为大，唯尧则
之。"此亦稽古同天、奉天法古之义。

今略明夷夏、进退义。《论语》曰："夷狄之有君，不如诸夏
之无也。"此在正名，大义有二科：一正夷夏之名，一正君之名。
《春秋》不予夷狄为礼，是以无礼为夷狄也。"《春秋》尊礼而重
信，信重于地，礼尊于身。"《繁露·楚庄王篇》。故晋伐鲜虞则
狄之，《昭·十二年》。恶其伐同姓也。郑伐许则狄之，《成·三
年》。恶其伐丧叛盟也。《成·二年》，卫侯邀率郑师侵之，郑与
诸侯盟于蜀，以盟而归，诸侯于是伐许。伐丧无义，叛盟无信，无
义无信，是夷狄也。邲之战，不与晋而与楚子为礼。《宣·十二
年》。《繁露》曰："晋变而为夷狄，楚变而为君子，故移其辞
以从其事。"《竹林篇》。伯莒之战，《定·四年》。《公羊》
曰："吴何以称子？夷狄也，而忧中国。"善其救蔡。及"吴
入楚，〔吴〕何以不称子？反夷狄也。"其反夷狄，谓君舍于君
室，大夫舍于大夫室，妻楚王之母，恶其无义。其进退之速如此。
且楚为文王师鬻熊之后，吴为仲雍之后，固神明之胄也，何以夷
之？此见诸夏与夷狄之辨，以有礼义与无礼义为断，而非以种族国
土为别明矣。《公羊》立七等进退之义，准此可知。七等进退者，
州不若国，国不若氏，氏不若人，人不若名，名不若字，字不若
子。"君者，不失其群者也。"《繁露·灭国篇》。又《荀子·王
制篇》："君者，善群也。"《白虎通》："君，群也，群下之所
归心也。"孟子曰："得乎丘民而为天子。"《尔雅》曰："林、
烝、天、帝、皇、王、后、辟，君也。"林、烝皆众义；皇、王皆

大义；天是至上义，至遍义；帝是审谛义；后是继述义；辟是执法义：总此诸义，故知君为德称。故夷狄之君，《春秋》所不君也。《繁露·王道篇》曰："五帝三王之治天下，不敢有君民之心。"言敬畏也。定公问一言"兴邦""丧邦"，孔子对曰："'为君难，为臣不易'，不几乎一言而兴邦乎？""'予无乐乎为君，唯其言而莫予违也'，不几乎一言而丧邦乎？"此亦《春秋》义也。董生曰："弑君三十六，亡国五十二，细恶不绝之所致也。"鲁隐公不书即位，乃以见其让；桓公书即位，乃以著其恶。故《春秋》之辞难知也。失位则弗君，失国则弗君。如卫侯朔入于卫，《庄·六年》。卫侯郑自楚复归于卫，《僖·二十八年》。归邾娄子益于邾娄，《哀·八年》。虽反国复位而犹书名，示不君也。晋文公谲而不正，为其再致天子言之也。《僖·二十八年》。齐桓公正而不谲，为召陵之会言之，喜其服楚也。《僖·四年》。有实与而文不与者，有诛意不诛辞者。防其渐，故诛意；录其功，故不诛辞。予之为伯也。实与而文不与者，不与其专封讨，其存邢卫，可与也。董生曰："善无细而不举，恶无细而不去。"除天下之所以致患，是以天下为忧也。辞有五等：曰正辞，曰婉辞，曰温辞，曰微辞，曰诡辞。诡辞谓设喻之辞。从变从义而一以奉天，故言"君子居之，何陋之有"，是夷夏可齐也。"觚不觚，觚哉！觚哉！"不敢斥言不君也。此其所谓诡辞乎？察此二科，则于圣人进退予夺之权，亦可喻其少分矣。

春秋教下

次略明文质损益义。此义在《论语》甚显，而后儒说《春秋》者多为曲说。如言质家亲亲，故兄终弟及；文家尊尊，故立子以长；殷爵三等，周爵五等之类。以此区分文质，实不成义理。《中庸》哀公问政，子曰："仁者，人也，亲亲为大。义者，宜也。尊贤为大。亲亲之杀，尊贤之等，礼所生也。"岂有亲亲而不尊尊，尊尊而不亲亲之理？孟子曰："天与贤则与贤，天与子则与子。"此与文质无关。春秋之世，诸侯篡弑相仍，其当立与不当立，亦视其人之贤否耳。如隐公不当立，而《春秋》予之；桓公当立，而《春秋》恶之。是故立弟立子之说非经义也。质家据天法三光，文家据地法五行，此亦曲说。三五之制，亦随其宜耳。若以春秋爵三等为改制，三光五行亦可得而改乎？颜渊问为邦，告以四代礼乐，可见文质并用之旨。《说苑》谓"三王术如循环"：夏尚忠，其失野，救野莫如敬；殷尚敬，其失鬼，救鬼莫如文；周尚文，其失薄，救薄莫如忠。《白虎通》谓"阳道极则阴道受，阴道极则阳道受"，明二阴二阳不能相继，此乃有近于今世唯物史观所推历史演变阶段，其误由于不识文质并用之旨而来。棘子成曰："君子质而已矣，何以文为？"子贡非之曰："文犹质也，质犹文也。虎豹之鞟犹犬羊之鞟。"子曰："质胜文则野，文胜质则史。文质彬彬，然后君子。"此可证也。"周监于二代，郁郁乎文哉！吾从周。"复曰："先进于礼乐，野人也；后进于礼乐，君子也。如用之，则吾从先进。"从周则疑于弃质，从先进又疑于弃文。程子曰："先进于礼乐，文质得宜，今反谓之质朴；后进于礼乐，文过其质，今反谓之彬彬。盖周末文胜，时人之言如此。"朱子谓："圣人既述时人之言，又自言其意，欲损过以就中，义最确。"圣人损益之宜，亦是难见。如曰："麻冕，礼也；今也纯，俭。吾从众。拜下，礼也；今拜乎上，泰也。虽违众，吾从下。"从俭是质，从下是文。以此求之，略可知也。《春秋》之所讥绝大者，如鲁之郊禘、吴楚之僭王，《哀·四年》："晋人执戎曼子赤归于楚。"《公羊传》曰："辟伯晋而京师楚也。"《十三年》："公会晋侯及吴子于黄池。"《传》曰：吴称子，"主会也"，先言晋侯，"不与夷狄之主中国也。"何注云："不书诸侯，微辞，恶诸侯君事夷狄。"诸侯背叛，大夫专命，不可殚举。晋文召王，讳之曰："天王狩于河阳。"惠庙舞八佾，讳之曰："初献六羽。"皆由拜上之渐以启之也。"三家者以《雍》彻"，"季氏旅于泰山"，《论语》皆致恶绝之辞，非《春秋》之旨乎？"人而不仁，如礼何？人而不仁，如乐何？"亦为三家之僭言之也。记者次此章在"八佾舞于庭""三家者以《雍》彻"之后，"林放问礼之本""季氏旅于泰山"之前，可知。林放问礼之本。子曰："礼，与其奢也，宁俭；丧，与其易也，宁戚。"按《春秋》作南门，《僖·二十年》。刻桷丹楹，《庄·二十二年》。作雉门及两观，《定·二年》。筑三台，《庄·三十一年》。新延厩，《庄·二十九年》。皆讥为其骄溢不恤下，恶奢也。讥文公丧取，按经文距僖公薨已逾四十一月，何以谓之"丧取"，以纳币之月在丧分。董生曰："《春秋》之论事莫重于志，三年之丧毕，犹宜未平于心。今全无悼远之志，是《春秋》之所甚疾也。"恶其不戚也。是知答林放之问，亦《春秋》之旨也。俭与戚是质，奢与易是文，此损文以就质，犹弃麻冕而用纯也。拜下近文，拜上近质。恶其泰而渐至于僭也，则又损质以就文。于此可见损益之微旨。董生曰："礼之所重者在其志，志敬而节具，则君子予之知礼；志和而音雅，则君子予之知乐；志哀而居约，则君子予之知丧。"志为质，物为文，文著于质，著读入声。言质者文之所附。质文两备，然后其礼成，文质偏行，不得有我尔之名。言其失均。不能俱备而偏行之，宁有质而无文，虽弗（能）予〔能〕礼，尚少善之，介葛卢来是也。《僖·二十九年》春，来，未见公。冬，又来。《公羊》何注云："不能升降揖让。""进称名者，（夷狄）能慕中国，〔朝贤君，〕明当扶勉以礼义。"有文无质，非直不予，乃少恶之，谓州公寔来是也。《桓·五年》冬，州公如曹。六年春，书寔来。《公羊传》曰："谓州公也。〔曷为〕谓之寔来？慢之也。曷为慢之？化我也。"何注："行过无礼谓之化。齐人语。谓诸侯相过至境〔假涂，入都〕必朝"，"今州公过鲁〔都〕而不朝〔鲁〕，是慢（我也）〔之〕"。疏云："如僖九年九月戊辰，诸侯盟于葵丘。《传》云：'桓之盟不日，此何以日？危之。何危尔？''桓公振而矜之，叛者九国。''矜之者何？言莫若

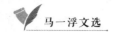
我也。'"然则《春秋》之为道也，先质而后文，右志而左物。故曰："'礼云礼云，玉帛云乎哉？'推而前之，亦宜曰：朝云朝云，辞令云乎哉？'乐云乐云，钟鼓云乎哉？'引而后之，亦宜曰：丧云丧云，衣服云乎哉？"董生此言最得其旨。《乐记》曰："穷本知变，乐之情也；著诚去伪，礼之经也。"《春秋》，礼义之大宗，故今谓文质，乃是并用而非递嬗。学者以是推之，于圣人损益之道，亦可略窥其微意矣。文质之义，求之于《易》，尤不可胜举。如言"致饰而后亨则尽"，"尊酒簋贰（可）用（享）〔缶〕"，"东邻杀牛，不如西邻之禴祭"，皆反质之义也。"大人虎变，其文炳也；君子豹变，其文蔚也"，"鸿渐于逵，其羽可用为仪"，贵文之义也。变通趋时，其取义无定，所谓"裁成天地之道，辅相天地之宜"，皆损益之大用，广说难尽。又如后世玄言家或至任诞去礼，质胜则野也；义学家每务知解辩说，文胜则史也。二氏之流失如此，亦以老子之恶文太甚，佛氏之言义过奢有以致之。今人行好脱略，言好攻难，学不逮古人而病则过之，学《礼》与《春秋》是其药也。

次略明刑德贵贱义。"阳为德，阴为刑"，《大戴礼》引孔子言。董生对策本此，略曰："刑主杀而德主生。阳常居大夏，而以生育长养为事；阴常居大冬，而积于空虚不用之处：以此见天之任德不任刑。刑之不可任以成世，犹阴之不可任以成岁也。为政而任刑谓之逆天，非王道也。"亦见《繁露·阳尊阴卑篇》。此其义出于"为政以德"及"道之以政"二章。《论语》申此义者，随处可见。如曰："善人为邦百年，亦可以胜残去杀矣。"对季康子曰："子为政，焉用杀？"宰我对哀公问社周人以栗曰"使民战栗"，孔子恶之。盖圣人行王政必极于刑措不用，因恶刑而亦欲去兵。卫灵公问陈，对曰："军旅之事，未之学也。"答子贡明言"去兵"。因恶刑而亦欲去狱讼。《大学》引孔子曰："听讼，吾犹人也，必也使无讼乎！"《春秋》始作丘甲，《成·九年》。甲，铠也。谓使丘民作铠。作三军，《襄·十一年》。始用田赋，《哀·十二年》。皆讥恶攻战。因恶盟而善平。其书战伐甚谨："觕者曰侵，精者曰伐，战不言伐，围不言战，入不言围，灭不言入。书其重者。""伐者为客，见伐者为主。"此犹今日国际战争，以先开衅者负其责任。"虽数百起，必一二书，伤其害所重也。"《论语》："天下有道，则礼乐征伐自天子出；天下无道，则礼乐征伐自诸侯出。自诸侯出，〔盖〕十世希不失矣；自大夫出，五世希不失矣；陪臣执国命，三世希不失矣。"此实《春秋》之所以作也。孟子曰："春秋无义战。彼善于此，则有之。"《繁露·竹林篇》曰："《春秋》之法，凶年不修旧，新延厩。意在无苦民尔。苦民尚恶之，况伤民乎？伤民尚痛之，况杀民乎？""《春秋》之所恶者，不任德而任力。""难者曰：《春秋》之书战伐，有恶去声。有善，恶诈击而善偏战，《僖·元年》冬，公子友帅师败莒师于犁，获莒挐。《公羊传》曰："大季子之获也。季子治内难以正，御外难以正，其御外难以正奈何？庆父弑闵公，走莒。莒人逐之，闻庆父抗辀经死汶水上，因求赂于鲁曰：'吾已得子之贼矣。'鲁人不与，于是兴师伐鲁，季子待之以偏战。"何注："善季子忿不加暴，得君子之道。"偏战者，犹今言应战，非好与人为敌也，人以兵加之而后战耳。诈战则是背盟而伐人。耻伐丧而荣复仇，《庄·四年》，纪侯大去其国。《传》："何为不言齐灭之？为襄公讳也。《春秋》为贤者讳，何贤乎襄公？复仇也。"奈何以春秋为无义战而尽恶之？曰：春秋之于偏战也，善其偏不善其战，犹其于诸夏也，引之鲁则谓之外，引之夷狄则谓之内，比之诈战则谓之义，比之不战则谓之不义。故盟不如不盟，然而有所谓善盟；战不如不战，然而有所谓善战。不义之中有义，义之中有不义，辞不能及，皆在于指。非精心达思者，孰能知之？"按董生此言推阐无义战之旨最精。孟子曰王者之师有征而无战，汤"东面而征西夷怨，南面而征北狄怨"。征者，正也，以义

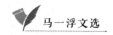

正之。战则为敌对之辞。《公羊传》曰"王者无敌"，故言征不言战也。礼乐是德，征伐是刑。礼乐之失而为僭差，征伐之失而为攻战。《春秋》为是而作，故孟子曰："五伯〔者〕，三王之罪人也。"董生曰："《春秋》之辞有贱者，有贱乎贱者。《哀·四年》，盗杀蔡侯申。《公羊传》曰："弑君贼者穷诸人，此其称盗何？贱乎贱者也。"夫有贱乎贱者，则亦有贵乎贵者矣。"言有尤贱尤贵者，如盗贱于人，仁贵于让。推"任德不任刑"之旨，而后圣人之所贵贱可知也。此义广说难尽，今略举一端而已。

次略明经权予夺义。此义亦当求之《论语》。子曰："可与立，未可与权。"谓虞仲、夷逸"废中权"，谓管仲"岂若匹夫匹妇之为谅"，是言权也。"志士仁人，（有杀身以成仁，）无求生以害仁，〔有杀身以成仁〕"，"自古皆有死，民无信不立"，是言经也。"微管仲，吾其披发左衽矣"，以功则予之。"管仲之器小哉"，"管氏而知礼，孰不知礼"，以礼则夺之。《春秋》之予夺，以此推之可知也。董生曰："《春秋》有经礼，有变礼。明乎经变之事，然后知轻重之分，可与适权矣。"《繁露·玉英篇》。经礼，礼也。变礼，亦礼也。是知达于礼者，乃可与适权。其有达于常而不达于变，达于变而不达于常者，必于礼有未达也。淳于髡以援嫂溺比援天下，自以为达权。孟子曰："天下溺，援之以道，子欲手援天下乎？"言不可以枉道为权也。孔子谓颜子："用之则行，舍之则藏，唯我与尔有是夫！"是以可与权许之。孟子所谓"禹、稷、颜子、曾子、子思，易地则皆然"是也。子莫执中无权，贤于杨、墨，孟子恶其害道同于执一；恶乡原，为其阉然媚于世，自以为知权。则曰："君子反经而已矣。"反言复也。《公羊》家说反经为权。或释为反背之反，非。是知不达于变，其失为子莫；不达于常，其流为乡原：故君子恶之，恶乡原甚于恶杨、墨。是即《春秋》之所恶也。其予者奈何？曰：一于礼，一于仁而已矣。礼重于身者，经也；如予宋伯姬。仁贵于让者，权也。如予司马子反。贤祭仲而恶逢丑父，其枉正以存君同也，而荣辱不同理，故予夺异。中权之难如是，非精义入神不足以知之。《桓·十一年》，宋人执郑祭仲。《公羊传》曰："祭仲者何？郑相也。何以不名？贤也。何贤乎祭仲？以为知权也。""庄公死，已葬。祭仲往省于留，涂出于宋。宋人执之，谓之曰：'为我出忽而立突。'祭仲不从其言，则君必死，国必亡；从其言，则君可以生易死，国可以存易亡。少辽缓之，则突可故出，而忽可故反，是不可得则病，然后有郑国。古人有权者，祭仲之权是也。权者何？〔权者〕，反于经然后有善者也。权之所设，舍死亡无所设。行权有道，自贬损以行权，不害人以行权。杀人以自生，亡人以自存，君子不为也。"《成·二年》，齐侯使国佐如师。《公羊传》曰："佚获也。其佚获奈何？师环齐侯，晋郤克投戟逡巡再拜，稽首马前。逢丑父者，顷公之车右也，面目衣服与顷公相似，代顷公当左，使顷公取饮。顷公操饮而至，曰：'革取清者。'顷公用是佚而不反。逢丑父曰：'吾赖社稷之神灵，吾君已免矣。'郤克曰：'欺三军者，其法奈何？'曰：'法斮。'于是斮逢丑父。"董生曰："丑父之所为难于祭仲，祭仲见贤而丑父见非，何也？祭仲措其君于人所甚贵以生之，丑父措其君于人所甚贱以生之。前枉而后义者，谓之中权，虽不能成，《春秋》善之，鲁隐公、郑祭仲是也；前正而后有枉者，谓之邪道，虽能成之，《春秋》不爱，齐顷公、逢丑父是也。夫冒大辱以生，贤者不为也，而众人疑焉。《春秋》以人之不知义而疑也，故示之以义曰：'国灭，君死之，正也。'正也者，正于天之为人性命也。按此与孟子"尽其道而死者，正命也"同。天之为人性命，使行仁义而羞可耻，非若鸟兽然，苟为生、苟为利而已。是故《春秋》推天施而顺人理，以至尊为不可以加于至辱大羞，故获者绝之；以至辱为亦不可加于至尊大位，故失位弗君也，况其溷然方获而虏邪？其于义也，非君定矣，若非君，则丑父何权矣。故欺三军为大罪于晋，其免顷公为辱宗庙

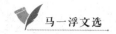
于齐，是以虽难而《春秋》弗爱，是以丑父欺而不中权，忠而不中义。"谓陷其君于不义。董生之论甚精，故引之以助思绎。程子曰："何物为权？义也。古今多错用'权'字，才说权，便堕变诈或权术，不知权只是经所不及者，权量轻重使之合义，才合义，便是经也。"程子此言尤约而尽。胡文定曰："变而不失其正之谓权，常而不过于中之谓正。"义亦精审。学者当知经权不二，然后可以明《春秋》予夺之旨。所以决嫌疑，明是非，非精于礼者未易窥其微意也。《论语》曰："君子之于天下也，无适也，无莫也，义之与比。"此经权之本也。"吾无间然"，予之至也。"斗筲之人何足算哉"，恶之至也。由此以推之，亦可以略知其辨矣。

上来依《论语》略说《春秋》义，虽仅举四门，以一反三，可至无尽。董生曰："《春秋》之为学，遵往而明来者也。其辞体天之微，故难知也。弗能察，寂若无；能察之，无物不在是。故为《春秋》者，得一端而多连之，见一空而博贯之，则天下尽矣。以鲁人之若是也，亦知他国之皆若是也；以他国之皆若是，亦知天下之皆若是也：此之谓连而贯之。故天下虽大，古今虽久，以是定矣。自内出者，无匹不行；自外至者，无主不止：言感应也。"匹者何？贰也。"慎辨物居方"，"吉凶存亡"，皆其自致也。主者何？一也，一谓正也。一于礼，一于义，一正一切正，故曰："正一而万物备也。"亦董生语。又复当知文不能离质，权不能离经。此谓非匹不行，用之通变者，应理而得其中，从体起用，谓之自内出。夷必变于夏，刑必终于德。此谓非主不止，用之差忒者，虽动而贞夫一，会相归性，谓之自外至。"一致而百虑"，非匹不行也；"殊涂而同归"，非主不止也。又法从缘起为出，一入一切也；法界一性为至，一切入一也。此义当求之《华严》而实具于《论语》。《春秋》仁以爱人，义以正己，详己而略人，大其国以容天下，在辨始察微而已。

诗教绪论

序说

在《论语》《孝经大义》中已略为举示六艺体要，学者依此涂径求之于圣贤言语，理会得一分，即自心义理显现得一分。此不是训诂考据边事，亦不是于先儒旧说之外用私意窥测，务求新义，以资谈助。切不可守此知解，便谓已足，须知此是穷理之事，亦即践形尽性之事。依此致思，即要依此力行，方有入处。前谓志于学、志于道、志于仁一也。学是知仁，道是行仁。今治六艺之学为求仁也。欲为仁，须从行孝起；欲识仁，须从学《诗》入。故今继《孝经》后略明《诗》教。题曰"绪论"者，所以别于常涂之题"通论""概论"。根据群经，出其端绪，寄之言说，使可引申触类，举一反三，言之不能尽也。又，绪者，余也，先儒之所引而未发者，今乃拾其余绪，推而衍之，以为学者致思之助云尔。

六艺之教，莫先于《诗》。于此感发兴起，乃可识仁。故曰："兴于诗。"又曰："诗可以兴。""诗者，志之所之也，在心为志，发言为诗。"故一切言教皆摄于《诗》。"苟志于仁，无恶也"，心之所之莫不仁，则其形于言者亦莫不仁。故曰"不学《诗》，无以言"也。仁者，心之全德。人心须是无一毫私系时，斯能感而遂通，无不得其正。即此便是天理之发现流行，无乎不在，全体是仁。若一有私系，则所感者狭而失其正，触处滞碍，与天地万物皆成睽隔而流为不仁矣。故曰："正得失，动天地，感鬼神，莫近于《诗》。"程子曰："圣人感天下之心如寒暑雨旸无不通、无不应者，贞而已矣。贞者，虚中无我之谓也。""（以有系

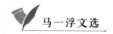

之）〔用其〕私心〔以〕感物，则思（虑）〔之〕所及者有能感而〔动〕，所不及者不能感也。""既主于一隅一事，岂能廓然无所不通乎？"《易·咸》卦九四传。"天地感而万物化生，圣人感人心而天下和平，观其所感而天地万物之情可见矣。"于此会得，乃可以言《诗》教。

向来说《诗》多宗毛、郑。朱子不信《小序》，后儒亦疑其未安。清人纂辑三家《诗》佚义特详。《汉书·儒林传》曰："言《诗》，于鲁则申培公，于齐则辕固生，燕则韩太傅。"《史记·儒林传》同。是为三家《诗》之祖。据陆玑《毛诗草木疏》引三国吴人徐整云："子夏传曾申，申传魏人李克，克传鲁人孟仲子，孟仲子传根牟子，根牟子传赵人荀卿，荀卿传鲁（人大）〔国〕毛（公）〔亨〕。"是荀卿为子夏五传，大毛公为六传，浮丘伯亦为六传，申公受《诗》浮丘伯为七传，小毛公亦为七传，俱出子夏、荀卿，是《毛诗》与《鲁诗》同源也。辕固生不详所出，然与浮丘伯俱为齐人，疑亦出浮丘伯也。韩婴虽别出，然《汉书·儒林传》称："婴推诗人之意，〔而〕作内、外传数万言，其语颇与齐鲁间殊，然归一也。"今《内传》久佚，《外传》引荀卿说《诗》者四十余条，是韩婴之学亦出于荀卿。《困学纪闻》亦言"申、毛之学皆出荀卿，《韩诗外传》多述荀书"。故知《毛诗》与三家异同俱是后起。近人皮锡瑞谓"诗说愈古者愈可信"，其言近是。然综观末流之失，皆有类于孟子所讥高叟之固也。岂若直求之《论》《孟》及《戴记》诸篇，七十子后学所称引不愈古邪？今按，孔门说《诗》贵告往知来，孟子亦言"以意逆志，（斯）〔是〕为得之"，其则不远。至标举胜义，《大序》尽之，论事考迹，无过《诗谱序》，后有述者，莫能外矣。子夏传《诗》、传《礼》、传《易》。又纬书引孔子言以《春秋》属商。魏文侯就而问乐，咨以国政。故六艺之文，其传授较然。特详者宜莫如子夏，而《孔子闲居》一篇尤《诗》之大义所在。明乎礼乐之原，则通于《礼》

《乐》；叙三王之德，则通于《书》；言"天有四时"，"地载神气"，"莫非教也"，则通于《易》《春秋》。举一《诗》而六艺全摄，故谓欲明《诗》教之旨，当求之是篇。今为略释于后。

孔子闲居释义

将释此文，约义分四科。

一、总显君德。起"孔子曰"，讫"此之谓民之父母矣"。

二、别示德相。分二：一、五至；二、三无。起"子夏曰"，讫"无服之丧也"。

三、明德用。五起。起"子夏曰"，讫"施于孙子"。

四、叹德化。分二：一、约三无私、叹德本；二、答参天地、叹功化。起"子夏曰三王之德"，讫"大王之德也"。

前序后结可知。

一　总显君德

孔子闲居，子夏侍。子夏曰："敢问《诗》云'岂弟君子，民之父母'，何如斯可谓民之父母矣？"

序起问。

孔子曰："夫民之父母乎，必达于礼乐之原，以致五至而行三无，以横于天下，四方有败，必先知之，此之谓民之父母矣。"

此为总显君德。《诗·大雅·泂酌》篇文，小序谓"召康公戒成王"之辞，子夏何以独举此为问？观《论语》礼后之对及答樊迟"不仁者远"之言，知子夏善悟，最能领会圣人言下深旨，如此《诗》文义岂待更问？所以发斯问者，乃欲深探王政之本，虽已有见处，犹欲夫子广陈德相，推究其极，以资深证，故假"民之父母"以发问。孔子知其机胜，故以了义告之。此真内圣外王之学也。观孔门问答，当思七十子之徒所学为何事。如子夏者，虽未及颜、曾位邻于圣，而其学则足以知圣，亦可以为王者师矣。兹

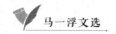

篇广陈圣德而纳之于《诗》，方见《诗》教之大，非子夏殆未足以语此。篇终记："子夏蹶然而起，负墙而立曰：'弟子敢不承乎？'"须是如此方足以传《诗》，知此则知西汉以来博士经生之说未能承当得此事。今欲学《诗》，以知圣为要。观子夏亲受于孔子之言而能知所兴起，斯可以直接子夏，可与言《诗》矣。

群经皆称君子，而以《诗》与《易》为最多。本为题德之目，时亦被之在位。以其具有君德，故称君子。《学记》曰："师也者，所以学为君也。""三王四代唯其师"，言为君之道，皆务自学充之。天生烝民，立之君，作之师，故曰："君师者，治之本。"古者政教一理，君师一道，未有能为君而不能为师者也。《易·乾·文言》君子与大人、圣人并称，于初唯言"龙德"，于二则曰"君德"，于五则变言"天德"，其实一也。二非君位而言"君德"，五为君位而言"天德"，明有君德不必定居君位，而九五君位乃位乎天德也。失德则失位，至"乾元用九"，乃言"天德不可为首"，舜、禹之有天下而不与以之。今言"岂弟君子"唯是君德，"民之父母"则为君位。《洪范》曰"天子作民父母，以为天下王"，此明是表位；而孔子答言"必达于礼乐之原，以致五至而行三无"，则唯称其德。至下子夏别起"参于天地"之问，乃正言"三王之德"，仍是略位而言德，然则圣人之意可知也。故科题曰"总显君德"。

德相之目，下文详之，然亦须先标总相。总相者何？仁是也。岂弟本训乐易，此以仁者气象言之。有乐易之气象者，知其具仁之德也。《易·乾·文言》曰："君子体仁足以长人，嘉会足以合礼，利物足以和义，贞固足以干事。君子行此四德者，故曰：'乾：元、亨、利、贞。'"知仁包四德，即知《诗》统四教。《大学》曰："为人君止于仁。"《系辞》曰："圣人之大宝曰位。"何以守位？曰仁。孟子曰："天子不仁，不保四海。"仁者心无私系，以百姓心为心：天下之饥溺，己之饥溺也；生民之疾苦，己之疾苦也。故曰："四方有败，必先知之。"郑注"败"为"祸灾"。犹雨旸寒暑之感于肌肤也。"以不忍人之心行不忍人之政"，'如保赤子'，唯恐伤之，则灾害祸乱何自而作乎？知几其神，通微曰睿。绝纤芥之恶于未兆，消潜隐之患于无形。既曰"先知"，则不待其著见矣。如物坏而始饰之，水至而始堙之，不唯后时为不智，亦由无感而不仁也。故下文曰"《诗》之所至无不至焉"者，即仁之所感无不通也。又"礼乐之原"即仁也。"人而不仁，如礼何？人而不仁，如乐何？""穷神知化"由通于礼乐，亦即"尽性至命"必本于孝弟也。先王之所以同民心而出治道者，在慎其所感而已。知礼乐之情者能作，识礼乐之文者能述，言达乎礼乐之原者谓合敬同爱，如天之无不覆帱，如地之无不持载者也。此君德之仁，即《诗》教之体也。颜渊"天下归仁"，故告以四代礼乐；仲弓"居敬行简"，故许以"可使南面"：皆具君子之德者也。君子之德者，君德也。君德者，仁也。"君子去仁，恶乎成名？"故可谓"民之父母"者，亦仁而已矣。以上总显君德竟。

附语：

记曰："见其礼而知其政，闻其乐而知其德。"是以《诗》《书》《礼》《乐》参互言之。政即《书》之实也，德即《诗》之实也。《诗》《乐》必与《书》《礼》通，故曰："诵《诗》三百，授之以政，不达"，"虽多，亦奚以为？"《大序》曰："治世之音安以乐，其政和；乱世之音怨以怒，其政乖；亡国之音哀以思，其民困。"《乐记》引此文同，而结之曰："声音之道与政通矣。"《左传·襄二十九年》"吴季札来聘，请观于周乐"一段文字，是说《诗》之最古者，是乃"闻其乐而知其德"也。如歌《二南》曰："美哉，始基之矣"，"勤而不怨矣"。歌《邶》《庸》《卫》曰："美哉渊乎！忧而不困者也。吾闻卫康叔、武公之德如是，其卫风乎？"他如知郑之先亡、齐之必大，歌《大雅》则叹"文王之德盛"，歌《小雅》则叹"周德之衰"，歌《颂》则以为"盛德之所

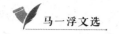

同"，皆论德以辨其《诗》也。

赵邠卿《孟子题辞》谓孟子通五经，尤长于《诗》《书》。今观孟子说王政最透彻。

《汉书·贾谊传》：谊年十八，以能诵《诗》《书》属文称于郡中。河南守吴公召置门下。文帝闻吴公治平为天下第一，故与李斯同邑，而尝学事焉，征以为廷尉。乃荐谊为博士。刘向称贾谊言三代与秦治乱之意，其论甚美，通达国体，虽古之伊、管未能远过也。《河间献王传》：王被服儒术，造次必于儒者。武帝时对三雍宫及诏策所问三十余事。其对推道术而言，得事之中，文约旨明。王薨，中尉常丽以闻，曰："王身端行治，温仁恭俭，笃敬爱下，明知深察，惠于鳏寡。"此亦称其达于政也。

《汉书·儒林传》：武帝迎申公，问治乱之事，对曰："为治〔者〕不在多言，顾力行何如耳。"其言朴直如此。辕固生在景帝时，与黄生辨汤武受命云："夫桀、纣荒乱，天下之心皆归汤、武，汤、武因天下之心而诛桀、纣，桀、纣之民弗为使而归汤、武，汤、武不得已而立，非受命而何？"其义亦甚正大。窦太后好老子书，召问固。固曰："此家人言耳。"可知申公、辕固生皆通达治体。韩婴并通《易》。燕赵间好《诗》，故其《易》微。尝与董仲舒论于上前，其人精悍，处事分明，仲舒不能难。今观《外传》之言，多达于政事。此见先汉诸儒说《诗》，不与经生博士相类。据其言以观之，知其达于政，乃真得《诗》教之旨也。

《汉书》称河间献王好书，得书多，与汉朝等。淮南王安亦好书，所招致多浮辩。献王其学举六艺，造次必于儒者。立《毛氏诗》《左氏春秋》博士。《说苑》载其言曰："尧存心于天下，加志于穷民，痛（百）〔万〕姓之罹罪，忧众生之不遂也。有一民饥，则曰：'此我饥之也。'有一人寒，则曰：'此我寒之也。'一民有罪，则曰：'是我陷之也。'仁昭而义立，德博而化广。故不赏而民劝，不罚而民治，先恕而后教，是尧道也。"又曰："禹称民无食，则我不能使也；功成而不利于人，则我不能劝也。故疏河以道之，凿江通于九派，酾五湖而定东海，民亦劳矣，然而不怨苦者，利归于民也。"又曰："汤称学圣王之道，譬如日焉；静居独思，譬如火焉。夫舍学圣王之道，若舍日之光。独思若火之明也，可以见小，未可用大。知唯学问可以广明德慧也。"献王所称，当是《诗》《书》佚说。

禅师家斥情识知解为鬼家活计、日下孤灯。《庄子》谓："日月出矣，而爝火不息。"佛书谓："佛放光则诸天光如聚墨。"孟子谓："日月有明，容光必照。"此与汤"火""日"之喻并是比兴之旨，性德如日，私智如火，性德显则私智自灭。学者当善会。

二　别示德相　复分二：初、五至。二、三无。今初。

> 子夏曰："民之父母，既得而闻之矣。敢问何谓五至？"

牒前起问，下示答。

> 子曰："志之所至，诗亦至焉；诗之所至，礼亦至焉；礼之所至，乐亦至焉；乐之所至，哀亦至焉。哀乐相生。是故正明目而视之，不可得而见也；倾耳而听之，不可得而闻也。志气塞乎天地。此之谓五至。"

答文分五：先出"五至"之目，互相因借；次"哀乐相生"句，别释所以；三"是故"下显微妙；四"志气"句，显周遍；五结成。心下专直为志，言之精纯为诗，行之节为礼，德之和为乐。和顺积中，发为岂弟，动为恻怛。智大者悲深，愈岂弟则愈恻怛。就其岂弟名乐，就其恻怛名哀。至有三义：一来义，《说文》："至，鸟飞从高下至地也。不上去而〔至〕下，来也。"二达义，三极义。湛寂之中，自然而感，如火始然，如泉涌出，莫之能御，此来义也。禅家谓静三昧中瞥起一念即来义。此念法尔清净，名之为觉，有照有用。迷之则为无明，因无明起念，谓之不觉。此即儒者所言道心、人心也。如来者，无所从来，亦无所去，正显道心。以此言志，志即仁也，犹彼言心即佛。如水浸润，竟体皆濡，如光照耀，幽暗毕烛，更无不到处，此达义也。如登山到最高顶，如涉水彻最深底，过此更无去处，此极义也。孟子曰："〔夫〕志（者），气之帅也"，"志至焉，气次焉"。横渠曰："（德胜其气，则性命于德）〔夫〕德不胜（其）气，（则）性命于气；〔德胜其气，性命于德〕。命于气者，其气驳；命于德者，其气醇。不胜其气只是志不立，志立则气从。"在横渠谓之"胜其气"，实则是气志如一，斯谓之德。故此篇屡言气志，皆以形此德也。孟子亦言"其为气也，至大至刚，以直养而无害，则塞于天地之间"，与此篇相应。气摄于志，言摄于诗。知言者诗之事也，养气者志之事也。《坤·文言》曰："君子黄中通理，正位居体，美在其中而畅于四支，发于事业，美之至也。"黄为中央之色，故以黄表中。此亦言志气合一。孟子言"君子所性，仁义礼智根于心，〔其生色也，〕睟然见于面，盎于背，施于四体，四体不言而喻"，斯之谓至也。《易·系辞》曰："唯深也，故能通天下之志；唯几也，故能成天下之务；唯神也，故不疾而速，不行而至。"深是志至诗至，几是礼至乐至，神则乐至哀至。诚于此、动于彼之谓通，举因该果之谓成，无声无臭之谓速。能即是至，成亦是至，"不疾而速，不行而至"则是理无不通，诚无不格，"范围天地之化而不过，曲成万物而不遗"，心体无亏欠时，万德具足。三世古今，不离当念；十方国土，不隔毫端。故神用无方，寂而常感。如是言"至"，义乃无遗。当知体用全该，内外交彻，志气合一，乃是其验。无远非近，无微非显，乃为至也。比之德相，前后相望，示有诸名，总显一心之妙，约之则为礼乐之原，散之则为六艺之用。当以内圣外王合释，二者互为其根。前至为圣，后至为王。如志至即内圣，诗至即外王；诗至即内圣，礼至即外王；礼至即内圣，乐至即外王；乐至即内圣，哀至即外王。此以礼乐并摄于诗，则诗是内圣，礼乐是外王。又原即是体为圣，达即是用为王。更以六艺分释，则《诗》是内圣，《书》是外王；《乐》是内圣，《礼》是外王；《易》是内圣，《春秋》是外王。《诗》既摄《书》，《礼》亦摄《乐》。合《礼》与《乐》是《易》，合《诗》与《书》是《春秋》。又《春秋》为礼义大宗，《春秋》即《礼》也；《诗》以"动天地、感鬼神"，《诗》即《易》也。交相融摄，不离一心，塞于天地，亘乎古今。易言之，则《诗》之所至，《书》亦至焉；《书》之所至，《礼》亦至焉；《礼》之所至，《乐》亦至焉；《乐》之所至，《易》亦至焉；《易》之所至，《春秋》亦至焉。五至之相，亦即六艺之所由兴也。五至始于志，故六艺莫先于《诗》。言《礼》《乐》而不及《书》者，明原以知委，举本以该迹。言《诗》而《书》在其中，言《礼》《乐》而《易》与《春秋》在其中也。"哀乐相生"者，屈伸变化之相也；"志气塞乎天地"者，充周溥博之相也。就其真实无妄则谓之体，就其神应无方则谓之用。体无乎不在，则用无乎不周。全其体则谓之圣，尽其用则谓之王，摄于志而主乎仁则谓之诗，被于物而措诸万事则谓之六艺。致者，推致其极之谓。"穷理尽性以至于命"，斯能致"五至"矣。礼乐之原即性命也。推此性命之德，致乎其极，即五至也，亦即六艺之道也。圣是体大，王是用大，五至是相大，故下文子夏特出"叹大"之言也。圣人尽力道出，要人直下承当，当体辨认，唯在密证，不在言诠。色取声求，如何可得？若执滞名言，拘牵度数，转求转远。故明示此为闻见之所不及，以深绝其外驰，复申言"志气塞乎天地"以克指其在迩，此真言教之极则也。子夏于此发明心要，故可以传《诗》。不遇上机，卒难悟入，切望学者善会，勿以依文解义为遂足以得其旨也。以上释"五至"。次释"三无"，有二番问答。

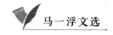

　　子夏曰："五至既得而闻之矣，敢问何谓三无？"

初问牒前起，后答示三无。

　　孔子曰："无声之乐，无体之礼，无服之丧，此之谓
三无。"

文二：先出"三无"之目，次结。下引《诗》证成。

　　"敢问何诗近之？"孔子曰："'夙夜基命宥密'，
无声之乐也；'威仪逮逮，不可选也'，无体之礼也；
'凡民有丧，匍匐救之'，无服之丧也。"

次问三无之义于《诗》何征，答引《诗》分证其义。

上文五至言"致"，三无言"行"，致唯证量，行则有境，境智不二也。行主心行而言，非指事相之著，境非缘物而起，故名为无。犹佛氏所谓"无缘大慈同体大悲"也。五至极于哀至，哀至则起三无。"无"非虚无，乃是实相。寂而常感，故谓之至；感而常寂，故谓之无。乐之声律，礼之度数，丧服之隆杀，并缘境有与此相望，有粗妙之别。将欲显示其义，有非言语所能及者，故问"何诗近之"。举《诗》以为答者，亦以形容其德之深广耳。"夙夜"言其无闲也。"宥"训"深闳"。"密"言"静谧"。"基命"云者，"维天之命，于穆不已"，基于宥密，乃以合天。"维德之基"，"坤厚载物"，犹言承天也。"逮逮"，郑云"安和貌"。"选"，犹算也。"威仪三千"，摄于四事，视、听、言、动。"从容中道"，其数难量，温厉恭安，亦无定相，故曰"不可选也"。视民如伤，与民同患，常善救人，故无弃人。颠连之痛，侔于切肤；恻怆之怀，被于行路：故形之以"匍匐"也。钟鼓以为

乐，升降以为礼，衰绖以为服者，礼乐之文也；"三无"者，礼乐之情也。蓝田吕氏曰："无声之乐是和之至，无体之礼是敬之至，无服之丧是哀之至。三者行之在心，外无形状。然则谓之'无'者，亦谓不可得而见闻也。"此皆直探心术之微，以示德相之大，故言"以横于天下"。若专以形名器数说礼乐者，则事相有所限，未足以尽此心之量也。学者诚欲达于礼乐之原，必先致"五至"，而后能行"三无"，乃可以言体仁，乃可由《诗》以通六艺。须知体仁亦有三义，体之于仁，以仁为体，全体是仁，如是三种次第。其初体之于仁，是求仁知仁之事也；以仁为体，则动必依仁、由仁而不违仁者也；全体是仁，乃是安仁，方为究竟。致"五至"者，智之事也；行"三无"者，圣之事也。道远乎哉，触事而真；圣远乎哉，体之即神。"内圣外王"之学，"穷神知化"之功，咸在于是。所言"兴于诗"者，至此方是真实究竟了义也。下言"五起"，即兴之事。须知曰"致"曰"行"，其间大有事在，亟须着眼领取，否则只是空言，仍与自己身心了无干涉也。思之。别示德相竟。

附语：

管子曰"止怒莫如诗"，此语甚好。

《素问》言"思胜怒"，此言"思"即谓志也。《诗》教温柔敦厚，故可以消忿懥暴戾之气。

杂而妄非志，嘐而野非诗。无节者不能以义制事，好恶恒偏而不得其正；不和者不能以仁存心，忧乐常过而不得其平。

《仲尼燕居》曰："礼也者，理也；乐也者，节也。君子无理不动，无节不作。不能诗，于礼缪；不能乐，于礼素；薄于德，于礼虚。"又曰："达于礼而不达于乐，谓之素；达于乐而不达于礼，谓之偏。"

此心常存，体自湛寂。湛寂之相，乃其本然，唯寂始感。常人习静以求寂者，非真寂也。永嘉谓之'无记寂寂非'。

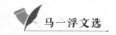

感者即常惺惺也。"感而遂通天下之故"，其感自发，故强名曰"来"，不待物来而始感也。

无所从来，亦无所去，即显常住之义。

《涅槃》有三兽渡河喻：兔浮水面，马才没身，象直到底。谓彻法源底，犹俗言步步踏着也。此明水无深浅而足有长短，譬法无高下，但智有明昧耳。

洞山禅往往说："高高山顶立，深深海底行。"乃明般若、沤和之无二，别是一义。

志不立只是无主，立则有主矣。

驳是昏浊，醇则清明。

气志如一者，书家有笔到意到之说，可举以为喻。

以志帅气，即以德摄行，全气是理，即全行是德，更无有二。

《坤》六五："黄裳，元吉。"象曰："文在中也。"黄，中色。裳，下服。"文在中"是志正，裳服于外是气从；"黄中通理"是志至，"正位居体"是气顺也。

根心是志，醉面、盎背是气。志至则气至，诗至则礼乐皆至。

佛氏言学普贤行者不动步而到。投子问赵州："大死底人复活时如何？"曰："不许夜行，投明须到。"皆此义也。

《洪范》"皇极"曰："无偏无陂，遵王之义；无有作好，遵王之道；无有作恶，遵王之路。无偏无党，王道荡荡；无党无偏，王道便便；无反无侧，王道正直。"此极言外王与内圣相应。所谓"会其有极，归其有极"，极即圣德之极至也。

《诗》："周道如砥，其直如矢。君子所履，小人所视。"此以道路为喻，周道即王道也。

"夙夜基命宥密"，见《周颂·昊天有成命》。小序："郊祀天地也。""昊天有成命，二后受之，成王不敢康，夙夜基命宥密。"乃颂成王之德之诗。"威仪逮逮，不可选也"，见《邶风·柏舟》。小序：'仁而不遇也。卫顷公之时，仁人不遇，小人在侧。'凡民有丧，匍匐救之'，见《邶风·谷风》。小序：
"刺夫妇失道也。"乃弃妇之词。《伯舟》诗上文："我心匪石，
不可转也；我心匪席，不可卷也。"下章云："忧心悄悄，愠于群
小。观闵既多，受侮不少。"《谷风》首章云："习习谷风，以阴
以雨。黾勉同心，不宜有怒。"次章云："谁谓荼苦，其甘如荠。
宴尔新昏，如兄如弟。"明为弃妇词，此见引《诗》不必用本义。
朱子《集传》云："棣棣，富而闲习之貌。选，简择也。"《谷
风》本章云："就其深矣，方之舟之；就其浅矣，泳之游之。何
有何无，黾勉求之；凡民有丧，匍匐救之。"本为怨词，此乃断
章取义。

蓝田吕氏谓："'无声之乐'是和之至，'无体之礼'是敬之
至，'无服之丧'是哀之至。"实则三无俱是和之至。

"他人有心，予忖度之"，是体之于仁意；"民之秉彝，好是
懿德"，是以仁为体意；"不识不知，顺帝之则"，"昊天曰明，
及尔出王。昊天曰旦，及尔游衍"，乃是全体是仁。

智是知得彻，圣是行得彻。圣与王相对，则王主行；智与圣相
对，则圣主行。穷神是智，知化是圣。神主一心，化妙万物。

朱子曰："周之初兴时，'周原朊朊，堇荼如饴'，（《大
雅·绵》。）苦的物也甜。及其衰也，'牂羊坟首，三星在罶。人
可以食，鲜可以饱'，（《小雅·苕之华》。）直恁地萧索。"

三　明德用　文有二重问答。

> 子夏曰："言则大矣，美矣，盛矣！言尽于此而已
> 乎？"

初问叹前起后，叹辞有三："大"叹其周遍也，"美"叹其微
妙也，"盛"叹其富有也。叹义有二，一隐一显：显者叹能诠之圣
言，隐者叹所诠之德相。言既无尽，德亦无尽，故特申"未尽"之

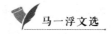

疑以起圣人无尽之教也。

> 孔子曰："何为其然也？君子之服之也，犹有五起焉。"

初答明前言，乃示其德相之胜，犹未显其力用之神。今就三无心行内蕴，则有五起大用外发，故当次说五起，以显其用也。服犹用也。起即兴也。自心起用，其验昭然，德被于人，亦令兴起有此五种次第也。

> 子夏曰："何如？"

再问其目。

> 孔子曰："无声之乐，气志不违；无体之礼，威仪迟迟；无服之丧，内恕孔悲。无声之乐，气志既得；无体之礼，威仪翼翼；无服之丧，施及四国。无声之乐，气志既从；无体之礼，上下和同；无服之丧，以畜万邦。无声之乐，日闻四方；无体之礼，日就月将；无服之丧，纯德孔明。无声之乐，气志既起；无体之礼，施及四海；无服之丧，施于孙子。"

申答五起之目。文有五重，皆就三无之验为说，前后相望，展转增胜。明气志合一，则发于威仪动作者无不中礼，其及于民物者无不尽道也。三无之中，以无声之乐为本。有无声之乐，然后有无体之礼、无服之丧。亦犹五至中以志为本，必先志至，而后诗至，礼乐皆至也。今言其验，亦从微以至著，由近以及远，从勉以至安。始于"克己复礼"之功，终于"天下归仁"之效。"起"之为言从体起用也。本体既显，则大用繁兴，真照无边，应缘不碍。比之橐籥，虚而不屈，动而愈出；亦如月影遍印千江。佛氏谓之"法身无相，应感即形；般若无知，对缘而照"。在《诗》则谓"如月之恒，如日之升，〔如南山之寿，〕不骞不崩"。在《易》则谓"天地解而雷雨作，雷雨作而百谷草木皆甲诉"，"云从龙，风从虎。圣人作而万物睹"。以此言起，方足以见其用之大。今就因地言，故有五重渐次也。庆源辅氏曰："'气志不违'，则持其志无暴其气矣；'气志既得'，则志帅气而气充乎体矣；'气志既从'，则养而无害；'日闻四方'，则塞乎天地之间矣；'气志既起'，则配义与道，合乎冲漠之气象矣。'威仪迟迟'，则闲习而不迫也；'威仪翼翼'，则敏给而不惰也；'上下和同'，则效乃见于外；'日就月将'，则理益进于中；'施及四海'，则四达而不悖矣。'内恕孔悲'，则恻隐之生于心也；'施及四国'，则仁心之达于外也；'以畜万邦'，则达于外者益广而有以成物矣；'纯德孔明'，则存于内者益大而充实光辉矣；'施于孙子'，则纯亦不已，万古一息而不可以限量言矣。历是五起，方知咏歌，其诗虽可以识三无之体，然服而行之，则其次第兴起有此五者，乃可以尽其用也。"学者须知威仪者，气志之应也；悲恕者，气志之施也。动于四体者无不从，斯达于天下者无不顺，凡所以加民及远者皆气志之为也。不可以色庄为威仪，不可以煦煦孑孑为悲恕。志不专直则伪也，气不刚大则馁也。私则气小，妄则志邪，不胜其私妄则气与志违。气志不一而欲证本体之纯全，发自心之大用，必不可得也。故已明性德之相，更知力用之所由生在于气志合一，则于持志养气之道亦可以思过半矣。历五起而后极乎兴，此《诗》教之实义也。以上明德用竟。

广三无

三无之义，不独《诗》教重之，征之群经所示事义，相应者不可胜举。今举其近而易知者，如："三月不违仁，不改其乐"，

无声之乐也;"出门如见大宾,使民如承大祭",无体之礼也;"颜渊死,子哭之恸",无服之丧也。"发愤忘食,乐以忘忧,不知老之将至",无声之乐也;"乡党,恂恂如也","燕居,申申、夭夭如也",无体之礼也;"见齐衰者","虽少,必作;过之,必趋",无服之丧也。"耳顺""从心",无声之乐也;"望之俨然,即之也温,听其言也厉",无体之礼也;脱骖于"旧馆人之丧","遇于一哀而出涕",无服之丧也。"默而成之,不言而信",无声之乐也;"周(旋)〔还〕中规,折(旋)〔还〕中矩",'声为律,身为度',无体之礼也;"邻有丧,舂不相;里有殡,不巷歌",乃至"敝帷不弃,为埋马也;敝盖不弃,为埋狗也",亦无服之丧也。古有处灾变之礼,如老子言"战胜以丧礼处之"。《曲礼》:"士去国,逾竟,为坛位,向国而哭,素衣、素裳、素冠,彻缘,鞮履,素簚,乘髦马,不蚤鬋","岁凶,年谷不登,君膳不祭肺,马不食谷,驰道不除,祭事不悬,大夫不食粱,士饮酒不乐",此亦无服之丧也。学者以是推之,当知圣贤日用之间无往而非"三无"。其所存者纯是至诚恻怛,其感于物也莫非天理之流行。故曰:"无终食之间违仁,造次必于是,颠沛必于是。"人心无私欲障蔽时,心体炯然,此理自然显现。如是方为识仁,乃《诗》教之所从出也。

辨气志

孟子尤长于《诗》《书》,故其发明心要,语最亲切,令人易于省发。深于《诗》者方见孟子之言《诗》教之言也。"公孙丑问不动心"一章,其辨气志实与此篇之旨相发。如曰:"志,气之帅也;气,体之充也。"此即横渠所谓"天地之塞吾其体,天地之帅吾其性"。"〔夫〕志至焉,气次焉","持其志,无暴其气",此言内外交养,不可偏废。志正而气自完,气完而志益正,乃无一息之不存也。公孙丑不喻,乃告之曰:"志壹则动气,气壹则动志,今夫蹶者趋者,是气也而反动其心。"此所以言威仪、定命礼也者，"肌肤之会，筋骸之束也"。庄子言"奔车之下无仲尼，覆舟之下无伯夷"，此亦蹶者趋者之类也。如人平时安然无事尚能宁静，及遇仓卒急遽之际则皇然无所主，即气动其志也。动亦定，静亦定，然后气从，斯能夷险如一，其志不复能夺矣。气之充沛者，虽其本然，亦须养而无失，故孟子曰："我善养吾浩然之气。"此其体段本为难言，及为公孙丑尽力道出，则曰："其为气也，至大至刚，以直养而无害，则塞于天地之间。"朱子曰："至大初无限量，至刚不可屈挠，盖天地之正气而人得以生者，其体段本如是。惟其自反而缩，则得其所养而又无所作为以害之，则其本体不亏而充塞无间矣。"程子曰："天人一也，更（无）〔不〕分别，浩然之气乃吾气也。养而无害，则塞乎天地，一为私意所蔽，则欲然而馁，（知）〔却〕其小也。"学者合程、朱之言观之可矣，但须着眼'直'字。又曰：'其为气也，配义与道；无是，馁也。'此即明气志合一之义。朱子言："人能养成此气，则其气合乎道义而为之助，使其行之勇决，无所疑惮。若无此气，则其一时所为虽未必不出于道义，然其体有所不充，则不免于疑惧，而不足以有为矣。"故又曰："是集义所生〔者〕，非义袭而取之也。行有不慊于心，则馁矣。"朱子曰："言其养之之始，乃由事皆合义，自反常直，是以无所愧怍，而此气自然发生于中，非由只行一事偶合于义，便可掩袭于外而得之。""所行一有不合于义，而自反不直，则不足于心而其体有所不充矣。"此其义已甚明，故具引之，不必更为之说。但学者当知此志未至，则心不专直，其气自小而馁，不能与天地之气合，即不能"与天地合其德"。言气志合一者，乃谓此专直之心既全是天理，则吾身之气即浩然之气，全气是理，全人即天，故曰合一也。五志始言志至，是专以体言；五起合言气志，是兼以用言。体用一原，显微无间。气志合一，即天人不二也。颜渊问仁，既曰"克己复礼"矣，何以又请问其目？须知"四勿"者，亦即气志合一之旨也。又学者须知志与意之别。朱子曰："志

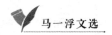

者，心之所之，是一直去底。意是那谋为营度往来底。”所以横渠
云：“志公而意私。”又曰：“志是公然主张要做底事，意是私地
潜行间发处。”《语类》卷五。沈僩、黄升卿录。今人往往误以作
意为立志，此实天坏悬隔。志立则不可以夺，意则游移不定，此亦
公私小大之辨，切须自己勘验。

孟子曰：“待文而后兴者，凡民也。若夫豪杰之士，虽无文王
犹兴。”孟子教人，处处使人感动奋发，此即《诗》教也。朱子言
“降衷秉彝，人所同得，唯上智之资无物欲之蔽，为能无待于教而
自然感发以有为”。今说五起，“起”即兴起之义。如闻《诗》教
而不能兴起者，只是蔽于私欲而志不立。愿学者深观孟子之言，其
必能知所当务矣。

附语：

郑注“不违”谓“民不违君之气志”。按，《缁衣》引子
曰：“民以君为心，君以民为体。心庄则体舒，心肃则容敬。心
好之，身必安之；君好之，民必欲之。心以体全，亦以体伤；君
以民存，亦以民亡。”此以心体喻君民。体是四体。其实君民即
志气也。“君以民存，亦以民亡”，犹曰“志一则动气，气一
则动志”也。下引《诗》云：“昔吾有先正，其言明且清，国家
以宁，都邑以成，庶民以生，谁能秉国成，不自为正，卒劳百
姓。”今《小雅·节南山》只“谁秉国成”三句，无“能”字。
而无上五句，盖佚之。庄子言“民犹水也，水能载舟，亦能覆
舟”，亦是以水喻气。

《小雅·天保》第六章：“如月之恒，如日之升，如南山之
寿，不骞不崩；如松柏之茂，无不尔或承。”小序言：“君能下，
下以成其政，臣能归美以报其上。”故《诗》皆称其君多福禄之
辞，故曰《天保》以上治内，《采薇》以下治外，《天保》废则福
禄缺矣。凡《诗》言福禄，犹《易》言富贵，皆主自他受用而言。

佛氏言如人从地而倒，亦从地而起，起倒在人，即指志也。

中土神仙家之术只了得气边事，全不知持志。彼能治一身之气矣，然终是私小，不能与浩然之气为一。在彼亦自公然说是盗天地之气，盗得此气，私之于己，岂能与天地合德也？故只较常人为胜，能把持此气。常人则是被他牵引，全不能自作主张，故气常昏扰，致令其心散乱。其有欲把持者，害必至横决，如火药遇激荡则成炸，炸后则其气亦消失无余矣。

人形体之气有盛衰，而其配义与道者一，完则不复缺，如佛氏谓如矿销金，不重为矿。

朱子曰：知言者尽心知性，于凡天下之言，无不有以究极其理而识其是非得失之所以然也。气即体之充者，本自浩然，失养故馁。惟孟子为能善养之，以复其初也。盖惟知言则有以明夫道义而于天下之事无所疑，养气则有以配夫道义而于天下之事无所惧，此其所以当大任而不动心也。

气之为病，不出盈歉二端：盈则骄，歉则吝。二者亦互为因借，盈则有歉，骄则必吝也。如人小有才，则谓人莫己若，务求胜人，鲜有不躁妄者。躁妄之极，则变为消沮，今人谓之颓放，古人则谓之惰慢之气。惰慢亦相因也，其欲矫为不惰慢者，又成暴戾。以多欲为刚，以阉然媚于世为和，此皆不可救药之病。只是志不立，又欲袭取道义，道义云何任汝袭取？此所谓蒸沙不能成饭也。

《大学》"小人闲居为不善"一章，形容自欺之心态甚详。此佛氏所谓偷心也。直即近诚，欺则是偷。"则何益矣"，甚言其不可匿也。凡人往往装点门面，自掩其短，不肯自承阙失，此最不可救药，是终身安于自欺也。

佛氏亦言直心是道场，十方如来同一道，故出离生死皆以直心。心言直，故如是，乃至终始地位中间永无诸委曲相。

四　叹德化　文有二重问答，初答叹德本，再答示化理。

子夏曰："三王之德参于天地，敢问何如斯可谓参于

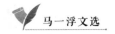

天地矣？"

前问"民之父母"是举因，今问"参于天地"是叹果。已明德相之大，极于三无；德用之大，极于五起：具此德者，三王其人也。君子是因地之目，三王则是果地之号，约因以该果，当推其功化之极，故别起"参于天地"之问也。不言功而言化者，功犹指其业用之著，化则唯称感应之神，所谓不言之教、无功之功，更无粗迹可寻，泯然无相，斯之谓化。欲形此化，唯"参于天地"一言乃可以尽之。此语虽不见于《诗》而实有其义，当是彼时赞叹三王德化恒用之言，故子夏复举以为问也。

孔子曰："奉三无私以劳天下。"

初答揭三无私以明德化之本。奉者，持行不失之谓。劳者，尽力无余之称。无私者，浑然与物同体，"无有作好"，"无有作恶"，不遗一物，不滞一物者也。《说文》："自营为私，背私为公。"朱子曰"才有一毫图便安处便是私"，其实才有一毫取著，才有一毫执吝，皆是私也。此以无私显仁，仁者无私，有私便堕不仁。所谓参天地者，别无他道，天地亦只是个无私而已。天地无心而成化，圣人有心而无为。无为者，无所为而为，非不为也。为之而无私，斯曰无为也。仁之为德，持之在己曰奉，被于物则曰劳。《易·井》之象曰："君子以劳民劝相。"《论语》：子路问政，子曰："先之劳之。"又曰："爱之能勿劳乎？"孟子引尧之言曰："劳之来之，匡之翼之。"庄子引墨者之言曰："禹，大圣也，而形劳天下也如此。"皆善明劳义者。子夏所问是果，孔子所答乃是果中之因。明德化之成，非可坐致，为其秉此无私之心以勤劳天下，乃获致之，此是其本也。

　　子夏曰："敢问何为三无私？"

　　再问其目，此下答示化理。文分六：一、正答三无私。二、引《诗》证成，别叹汤德。三、别显无言之教，复分二：一明天地无私，二明圣人无私。四、引《诗》证成，别叹文、武之德。五、总叹三代之德。六、别叹太王之德。

　　孔子曰："天无私覆，地无私载，日月无私照。奉斯三者以劳天下，此之谓三无私。"

　　正答三无私，以天地日月为喻，总示无私之相。如夏屋之芘人，艅艎之任重，镫炬之烛幽，纵极其至，皆有所限，此常人之心智也；唯天则无所不覆，地则无所不载，日月则无所不照，圣人之心智也，此私与无私之辨。其力用之小大悬殊，譬喻所不能及，故圣人分上事，非至己私纤毫俱尽，决不能梦见。圣人特就现前最易知者举以示人，人之用心有能函盖一切、负荷一切、鉴照一切而绝去偏倚、无所执碍者，庶有少分相应矣。以下引《诗》证成。

　　"其在《诗》曰：'帝命不违，至于汤齐，汤降不迟，圣敬日跻。昭假迟迟，上帝是只。帝命式于九围。'是汤之德也。"

　　《诗·商颂·长发》之三章。未称禹者，夏诗已佚，无可征引。《诗谱序》曰有夏"篇章泯弃，靡有孑遗"，亦犹"夏礼"，"杞不足征也"。此别叹汤德。郑注云"是汤奉天无私之德"，是也。《诗》义当依朱子，《集传》谓："商之先祖，既有明德，天命未尝去之，以至于汤。汤之生也，应期而降，适当其时，其圣敬又日跻升，以至昭假于天，久而不息，惟上帝是敬。故帝命之，使

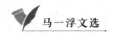

为法于九州也。"凡《诗》《书》之言"帝""天"，皆表性德。此《诗》所言"天命""帝命"，非谓如人谆谆命之，乃谓其理应尔。"圣敬"者，恭默之存。"昭假"者，自然之验。"式于九围"者，勤民之功。汤德如是，为无私也。

> "天有四时，春秋冬夏，风雨霜露，无非教也。地载神气，神气风霆，风霆流形，庶物露生，无非教也。"

此别显无言之教，正明天地之无私。王者奉承此德，同于天地，乃臻化理。自其生成长养言之，则谓之化；自其法象则效言之，则谓之教。既秉无私之德，则其喜怒哀乐变化云为，亦犹"风雨霜露"之施也；其视听言貌出处语默，亦犹"神气风霆"之动也。《易·系〔辞〕》曰"精气为物"，此言"地载神气"者何？就其凝成不杂言，则谓之精；就其流行不测言，则谓之神。《说卦传》曰："神也者，妙万物而为言者也。动万物者，莫疾乎雷；挠万物者，莫疾乎风；燥万物者，莫熯乎火；说万物者，莫说乎泽；润万物者，莫润乎水；终万物、始万物者，莫盛乎艮。故水火相逮，雷风不相悖，山泽通气，然后能变化，既成万物也。"二气摩荡，先有雷风，继有水火，继有山泽，故曰"风霆流行，庶物露生"也。一故神，二故化，知变化之道者，其知神之所为乎？穷神知化，德之盛也。人心至神，万化之所从出也。"与天地合其德"，斯不言而自化，无为而自成，非义精仁熟不足以语于此。学者默而识之，久久当有实悟，今不须多为之说也。

> "清明在躬，气志如神，嗜欲将至，有开必先，天降时雨，山川出云。"

此更明圣人之无私，所以与天地参也。清者不杂以气言，明者不昧以理言。气志既一，则不杂不昧，所存者神，所过者化，故曰"如神"。如者，不异之谓也。圣人所同于人者形体，所异于人者神明。常人气杂而志昧，圣人则气清而志明，故一睟而一通。通则神，睟则碍，神者周圆而无滞，碍者蔽塞而无感也。言"嗜欲将至，有开必先"者，嗜欲者，气之动，犹言几也，不定是恶。开亦动也。观于未发，止于未萌，善必先知之，不善必先知之，在"冲漠无朕"之时，见机用无穷之妙，不由施设，不假安排，遇物逢缘，自然而应，乃所谓神矣。"天降时雨，山川出云"者，喻其泽物之功，如翕勃乍兴，雾霈斯集，所谓云行雨施天下平也。其要只在"清明在躬，气志如神"二语。此三无五起果上之德相，唯证能知，学者识之。

> "其在《诗》曰：'崧高维岳，峻极于天。维岳降神，生甫及申。惟申及甫，为周之翰。四国于蕃，四方于宣。'此文、武之德也。"

此引《诗》证成"气志如神"则大用繁兴之义，别叹文、武无私之德。"维岳降神"，犹"山川出云"也。虎啸而风生，龙兴而云起，物理感应，自然之符，故圣主必得贤臣，犹大山必生良木，主德昭明，则众才自附也。《诗·大雅·崧高》之首章、末章，明言"吉甫作诵""以赠申伯"，本宣王时诗，而引以叹文、武之德。此见圣人引《诗》，贵取其义足以相发而其事乃在所略。郑氏谓"取类以明之"是也。朱子以申伯之先为"唐虞四岳，总领方岳诸侯，而奉岳〔神〕之祭，能修其职"，"故此诗推本申伯之所以生，以为岳（之）降神〔而〕为之〔也〕。""言岳山高大而降其神灵和气以生甫侯、申伯，实能为周之桢干屏蔽，而宣其德泽于天下也。"若谓文、武之佐，当称太公、周公，何取于宣王时之申、甫？以此知引此诗者，唯取感应之义耳。不然则"思皇多士，生此王国"，"济济多

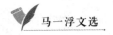

士，文王以宁”，可引者多矣。《泰誓》曰："受有臣亿万，唯亿万心；予有臣三千，唯一心。"唯私故亿万心，唯无私故一心也。无私则一，一故能感。"天地变化，草木蕃。天地闭，贤人隐"，皆此气志为之，此圣人吃紧为人处，切须着眼。

> "三代之王也，必先其令闻。《诗》云：'明明天
> 子，令闻不已。'三代之德也。"

此总叹三王之德，亦显不言之教。"奏假无言，时靡有争"，"不显惟德，百辟其刑之"，"予怀明德，不大声以色"，皆谓不言而信，令闻自宣。孟子曰"仁言不如仁声之入人深也"，引《诗·大雅·江汉》之篇，亦宣王时诗。夫仁声入人，不言自信，以其无私也。若乃有言不信，尚口乃穷，则其去三代之德亦远矣。

> "'弛其文德，协此四国'，大王之德也。"

此别叹太王之德。明王者积德累仁，世济其美，然后令闻不已，民自归之也。诗亦《江汉》之篇，非为太王而作，特连类以及之。太王避狄居岐，以启王业，为其无私也。"文德"者，条理著见之称。蕴之则为玄德，敷之则为文德。在《诗》则为"无邪"之思，在《易》则为"无妄"之实。三王之德如是，一切圣人之德亦如是。所以为民父母而参天地者，全在于是。《诗》教主仁，观于是篇益信矣。

> "子夏蹴然而起，负墙而立，曰：'弟子敢不承
> 乎？'"

结文可知此是圣门问答轨范，实能领会深旨，不同卤莽承当也。

附语：

《经解》曰："天子者，与天地参，故德配天地，兼利万物，与日月并明，明照四海而不遗微小。其在朝廷则道仁圣礼义之序，燕处则听《雅》《颂》之音，行步则有环佩之声，升车则有和鸾之音，居处有礼，进退有度，百官得其宜，万事得其序。《诗》云：'淑人君子，其仪不忒；其仪不忒，正是四国。'此之谓也。"

老子曰："圣人无私，所以成其私。"则是以无私为私也。若见有可私，焉能无私？仁者浑然与物同体，不见有可私者，换言之，是不见有物与之为对也。禅家法眼宗却深明此旨，天台韶在法眼坐下，有僧问："十二时中如何得顿息众缘去？"法眼曰："空与汝为缘邪？色与汝为缘邪？言空为缘，则空本无缘；言色为缘，则色心不二。日用中果何物与汝为缘乎？"韶闻言有省。又有问者曰："如何是曹源一滴水？"法眼曰：'是曹源一滴水。'韶于是大悟，平生疑滞，涣然冰释。

贾生曰："贪夫徇财，烈士徇名，夸者死权，众庶冯生。"贪夫以财为可私，烈士以名为可私，夸者以权为可私，众庶以生为可私，世间妄执亦不出此四种。彼亦未尝不劳，然非劳天下也，劳其生也。

《通书》"问学圣人有要乎"一章，即显无私。无欲即无私也。"明通公溥"字道得出无私之实相。

佛氏有空、无相、无作三三昧，近于无私。私缘于有取，无相则无取，无作则无取，不取诸尘，不取功德相，然后能无私。

圆悟勤曰："日月运行太虚，未尝暂止，不道我有许多名相。天普盖，地普擎，长养万物，亦不道我有许多功行。得道之人亦复如是。于无功用中施功用，一切违顺境界皆以慈心摄受。"勤虽禅师，此言却与三无私相应。其曰"慈心摄受"，即劳天下之义也。又出息不涉众缘，入息不居阴界，近于无声之乐，乃无私之本也。

以四大言之，雷风是动相，水是湿相，火是暖相，土是坚相，即艮象也。

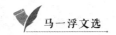

《说文》："神，天神引出万物者也。""天，从一大。""只，地只提出万物者也。""二，地之数也。""土，地之吐生万物者也。二象地之上、地之中。一，物出形也。""地，元气初分，轻清阳为天，重浊阴为地，万物所陈列也。"神者，伸也。化，古文从倒人。气不能有申而无屈，故"一阖一辟之谓变，往来不穷之谓通"，所以成变化而行鬼神也。

程子曰："抱得不哭底孩儿有甚么用？"禅师家曰："死水不藏龙。"又曰："莫守寒岩异草青，坐断白云宗不妙。"胡文定有颂云："手握乾坤杀活机，纵横施设在临时，满堂兔马非龙象，大用堂堂总不知。"大机大用，非过量人不可。所谓过量人者，岂真过量哉？气志如神而已。

佛经云："转轮圣王，王四天下，福德所感，七宝自然而至。"七宝皆是譬喻，唯臣宝最胜，此谓有主必有伴，如如来出世，必有文殊、普贤辅化，如来即表自心之全德，文殊、普贤则表知行，此与"惟岳降神，生甫及申"同义。

令闻是百姓归之名，亦即是天下归其仁，非可以幸致。如秦政自己刻石颂德，王莽令人上符瑞，则何益矣！彼欲自造令闻，而所得者恶名也。虽有孝子慈孙，百世不能改矣。

孔子称尧"焕乎其有文章"，可见尧、舜事业在孔子便谓之文章。又曰："文王既没，文不在兹乎？""文"字义可知，非如今之所谓文。《书》称尧曰"文思安安"，舜曰"浚哲文明"，禹曰"文命敷于四海"，又舜之嗣尧，"受终于文祖"，皆以文为言，思之。又《大禹谟》："三旬，苗民逆命。益赞于禹曰：'惟德动天，无远弗届。满招损，谦受益。时乃天道，帝初于历山，往于田，日号泣于旻天，于父母。负罪引慝，只载见瞽瞍，夔夔齐栗，瞽（瞍）亦允若，至诚感神，矧兹有苗。'禹拜昌言曰：'俞，班师振旅。'帝乃诞敷文德，舞干羽于两阶。七旬，有苗格。"须知虞夏君臣所言文德者系何事，此非三代以下所能梦见。

礼教绪论

序说

六艺之教莫先于《诗》，莫急于《礼》。诗者，志也。礼者，履也。在心为志，发言为诗；在心为德，行之为礼。故敦诗说礼，即是蹈德履仁。君子以仁存心，以义制事。诗主于仁，感而后兴；礼主于义，以敬为本。《坤·文言》曰："敬以直内，义以方外，敬义立而德不孤。""思无邪"即是敬，"闲邪存其诚"。故诗以道志，亦即是"敬以直内"也。"克己复礼为仁"，而后视听言动皆顺乎理。故礼以道行，亦即是"义以方外"也。此谓"《诗》之所至，《礼》亦至焉"。所行必与所志相应，亦即所行必与所言相应也。言而履之，礼也；行其所言，然后其言信，而非妄行而乐之，乐也。乐其所志，然后其行和而中节，此谓"《礼》之所至，《乐》亦至焉"。故即《诗》即《礼》，即《礼》即《乐》。华严家有帝网珠之喻，谓交光相罗，重重无尽，一一珠中遍含百千珠相，交参互入，不杂不坏。六艺之道亦复如是，故言《诗》则摄《礼》，言《礼》则摄《乐》，《乐》亦《诗》摄，《书》亦《礼》摄，《易》与《春秋》亦互相摄，如此总别不二，方名为通。

已释《孔子闲居》，略明《诗》之大义，今特举《仲尼燕居》，以为《礼》之大义亦当求之于此。二篇在《戴记》中本相次，郑《目录》并云"于《别录》为通论"，实则一说《诗》，一说《礼》也。然说《诗》必达于礼乐之原，说《礼》则约归于言行之要，寻文义较然可知。此篇大旨有四：一曰礼周流无不遍也；二曰礼所以制中也；三曰礼者即事之治也；四子张问政，子曰"君子

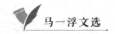

明于礼乐，举而措之而已"，明舍礼乐无以为政也。问者三人，子张、子贡、言游。据《论语》，子游为武城宰，子至武城，闻弦歌之声，是子游之娴于礼乐可知。谓子贡曰："女，器也。"曰："何器也？"曰："瑚琏也。"是以宗庙之器许子贡。《大戴礼·卫将军文子篇》，子贡对卫将军文子曰："业功不伐，贵位不善，不侮可侮，不佚可佚，不敖无告，是颛孙氏之行也。"引孔子曰："其不伐〔则犹〕可能也，其不弊百姓则仁也。"又曰："先成其虑，及事而用之，是言偃之行也。"引孔子曰："欲能则学，欲知则问，欲善则讯，欲给则豫，〔当是如〕偃也得之〔矣〕。"是子张、子游之行皆中于礼可知也。故语三子者以礼，以其皆当机，而子游"领恶全好"一问，孔子深然之。《礼运》一篇，亦为子游所说。彼篇子游问曰："如此乎礼之急也？"孔子曰："夫礼，先王以承天之道，以治人之情。故失之者死，得之者生。《诗》曰：'相鼠有体，人而无礼！人而无礼，胡不遄死？'是故夫礼必本于天，殽于地，列于鬼神，达于丧祭、射乡、冠昏、朝聘。故圣人以礼示之，故天下国家可得而正也。"其言之剀切与此篇云"治国而无礼，譬犹瞽之无相"同旨。但《礼运》是广说，此篇则是约说耳。

据《史记》《汉书·儒林传》，汉初言《礼》者，鲁高堂生，传《士礼》十七篇，即今《仪礼》。《艺文志》曰："孝宣世，后苍最明。戴德、戴圣、庆普皆其弟子，三家列于学官。《礼古经》者，（五十六篇）出于鲁淹中〔及孔氏〕，与十七篇文相似，多三十九篇。及《明堂阴阳》《王史氏记》〔所见〕，多天子诸侯卿大夫之制，虽不能备，犹瘉仓等推《士礼》而致于天子之说。"《礼记·奔丧》正义曰："郑云逸礼者"，谓"鲁淹中（所）得古礼五十七篇。按《论衡》：宣帝时，河内女子坏老屋，又得佚礼一篇，合五十七。其十七篇与〔今〕《仪礼》〔正〕同，〔其〕余四十篇藏在秘府，谓之逸《礼》。其《投壶礼》亦此类也"。又

《六艺论》云："今《礼》行于世者，戴德、戴圣之学也。""戴德传记八十五篇，则《大戴礼》是也。按，今仅存三十九篇。戴圣传记四十九篇，则此《礼记》是也。"此言《礼》者，皆指《仪礼》，二《戴记》中实并录逸《礼》，如《迁庙》《衅庙》《公冠》《投壶》《奔丧》诸篇是也。又郑注亦引烝尝礼、禘于太庙礼、朝贡礼、巡狩礼、中霤礼、王居明堂礼，清儒谓郑氏不信逸《礼》，亦误也。朱子亦以"古《礼》五十六篇，不知何时失之"为可惜。然《周官》经六篇，西汉诸师无得见者。《仪礼》但名《礼》，无"仪"字，不知何时所加。《周礼》本题《周官》，亦不曰《周礼》。《后汉书·儒林传》云："中兴，郑众传《周官经》，后马融作《周官传》，授郑玄。玄作《周官注》。玄本习《小戴礼》，指《仪礼》，非指《礼记》。后以古经校之，古经指逸《礼》，即所谓《礼古经》，与十七篇同者。取其义长者训故，为郑氏学。玄又注小戴所传《礼记》四十九篇，通为三《礼》焉。"《董钧传》。盖自郑君书行，始有三《礼》之目。《礼器》云："经礼三百，曲礼三千。"《中庸》曰："礼仪三百，威仪三千。"此言三百、三千者，特言礼之具备盛美，非克指其条文也。言"经""曲"者，举其小大之节耳。郑君以《周官》三百六十当经礼之数，而以《仪礼》为曲礼，其言实误。后儒说《礼》者皆宗郑氏，莫之能易，唯《汉书》臣瓒注不误。臣瓒曰："经礼三百，谓冠婚、吉凶。《周礼》三百，是官名也。"朱子亦曰："礼篇三名，《礼器》为胜。诸儒之说，瓒、叶为长。"按三名谓经、曲、威仪。叶指叶梦得。盖官制自是礼中制度之目。礼包制度，官制又是制度之一耳。《仲尼燕居篇》云："以之朝廷有礼，故官爵序。"又曰："制度在礼，文为在礼。"故言制度者，当详其义。制度是文，义是其本也。又《汉志》言后苍等"推士礼而致于天子"，其说亦误。礼经十七篇，不纯是士礼，其题《士礼》者，惟《冠》《昏》《丧》《相见》；若《少牢馈食》《有司

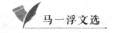

彻》，明是大夫礼；《乡饮》《射》，则士、大夫同之；《燕礼》
《大射》《聘礼》《公食大夫礼》，皆诸侯礼；《觐礼》是诸侯见
天子礼。何云皆士礼也？天子之元子犹士，天下无生而贵者，则虽
天子之子，亦当用士礼。"三年之丧，达乎天子，父母之丧，无
贵贱，一也。"自谅暗之制不行，后世帝王乃以日易月废，丧而
临政，最无义理。郑注诸礼每曰"准此"，可知是即推致之义。
礼文阙而不具者，以义推之，可以依准。又处礼之变者，不以义
推，将何所措邪？如《曾子问》全是疑礼，孔子皆据义以答之，
非必在三百、三千之数也，故今谓治礼当以义为主。又自朱子编
《仪礼经传通解》，定《仪礼》为经，《礼记》为传，后儒并遵用
之。元儒熊朋来曰："《士冠礼》自'记冠义'以后即《冠礼》之
记，《士昏礼》自'记士昏礼，凡行事'以后即《昏礼》之记。惟
《士相见》《大射》《少牢馈食》《有司彻》四篇不言记，其有记
者十有三篇。其《丧服》一篇，子夏既为之传，而'记公子为其
母'以后，又别为《丧服》之记。其记亦有传，是此记子夏以前
已有之。"其言甚是。二《戴记》有古经，前已言之。又如《明
堂》《月令》《王制》诸篇亦非是传，《曲礼》《内则》《少仪》
《玉藻》则是'威仪三千'之属，故亦未可克定以《仪礼》为经，
《礼记》为传也。郑学一乱于王肃，再乱于陈祥道。朱子最尊《仪
礼》而宗郑。清儒唯江永《礼书纲目》最有体要，凌廷堪《礼经释
例》、邵懿辰《礼经通论》，抑其次也。今谓沿三《礼》之名，义
实未当。《周官》与《王制》同为制度，不必苦分今古，定别殷
周，务求其义，皆可以备损益。《王制》与《周礼》制度显然不
同。郑乃以《王制》为殷制，后儒尊信《周礼》者，又以《王制》
为汉博士所为。其实《周官》不必制自周公，《王制》亦断非出于
博士，皆七十子后学所记以为一王之法耳。其言制度，虽有所本，
颇加损益，故致不同如此。学者苟得其意，自不泥矣。故谓《礼
记》当与《仪礼》并重，二戴所录，多出七十子后学所记，不专说

礼，多存六艺大旨。自《论语》外，记圣言独多而可信者，莫如此书。欲明礼以义起，于此可得损益之旨，不专以说古制为能事。故治礼不可以但明郑学为极，当求之二戴，直追游、夏之传。观孔子与弟子言礼，皆直抉根原。故制度可以损益，宫室衣服器用古今异宜，不可施之于今。苟得其义，则尽未来际不可易也。故今先举《仲尼燕居》以为学礼之嚆矢，学者以是求之，亦可思过半矣。然汉以来，治礼之源流亦不可不知也，故为粗举其大略如此。

附语：

《诗纬含神雾》曰："诗者，持也。"

《仲尼燕居》曰："礼者，理也。"

《论语》："君子义以为质，礼以行之，逊以出之，信以成之。"义为礼之质，所存是义，行出来便是礼。又礼与义本是性德，就其断制言之，则谓之义，就其节文言之，则谓之礼。居敬持志乃所以存仁，静专动直乃所以行义，故兴诗立礼皆性其情也。诗是元亨，礼是利贞。

"使女以礼周流，（而）无不遍〔也〕"，"以"字须着眼。如"为政以德"、"为国以礼"、"道之以德，齐之以礼"之"以"，六十四卦大象皆曰"以"，"以"犹"用"也。即"举而措之"之谓，亦即自然流出之意。犹俗语谓拿出来便是，禅家谓之拈来便用，无处不是，故周流而无不遍，若有一毫欠缺滞碍处，则不周不遍矣。

郑樵以后苍《曲台记》当《礼记》，实误。《隋志》谓刘向校定二百十四篇，戴德删为八十五篇，戴圣又删为四十六篇，尤误。二戴，武、宣时人，向校书在哀、平、成之世。《汉志》云："记百三十一篇，（当出）七十子后学所记。"大小戴之书宜本此。

贾公彦《周礼疏序》谓："《周官》，孝武时始出。""以〔其〕始皇（独）〔特〕恶之故也。〔是以〕马融《传》云：秦自孝公以下用商君之法，其政酷烈，与《周官》相反，故始皇禁挟书，特疾恶欲绝灭之。孝武始除挟书之律，开献书之路，（故其书）既出于山岩屋壁，复入〔于〕秘府，五家之儒，莫得见焉。五家者，谓高堂生、萧奋、孟卿、二戴也。至孝成帝（时），〔达才通人〕刘向子歆校理秘书，始得列序，著于《录》《略》，然亡其《冬官》一篇，以《孝工记》足之。时众儒〔并出〕，共排以为非，是唯歆独识。其年尚幼，务在广觉博观，又〔多〕锐精于《春秋》，末年乃知〔其〕周公致太平之迹，〔迹〕具在（于）斯。其后杜子春能通其读，郑众、贾逵往受业焉。郑玄序云：'世祖以来，通人达士、大中大夫郑兴及子大司农众、故义郎卫次仲、侍中贾景伯、南郡太守马季长，皆作《周礼》解诂。'故林孝存以为武帝知《周官》末世渎乱不验之书，作《十论》《七难》以排弃之。何休亦以为六国阴谋之书。唯有郑玄遍览群经，知《周礼》者乃周公致太平之迹，故能答林难，使义得条通。"按林、何之说殊乖义理，郑君亦尊信太过。清毛奇龄亦以为六国时人所作。《艺文志》于《乐经》云："魏文侯最为好古，孝文时得其乐人窦公（窦公时已二百余岁）。（上）献其书，乃《周官·大宗伯》之《大司乐》章也。"是魏文侯时已有《周官》，出于春秋战国间人所作无疑。或以为刘歆伪撰，非也。

据许慎《五经异义》，《尚书》夏侯、欧阳说天子三公司徒、司马、司空，九卿，二十七大夫，八十一元士，凡百二十。（与《王制》同。）古《周礼》说三公为太师、太传、太保，无官属，又立三少为三孤，冢宰等为六卿，大夫、士、庶人在官者凡万二千。按周公为传，召公为保，太公为师，无为司徒、司空文，知三公皆官名。郑驳无考，注《王制》则以为夏制。然据《牧誓》《立政》，实有司徒、司马、司空，据《顾命》"乃〔同〕召太保奭、芮伯、彤伯、毕公、卫侯、〔毛公〕"，是为六卿。盖今文家主九卿，古文家言六卿，不同。

宇文周既设六部，又立九卿，是为重复。而直至明清，犹沿用不改。

又诸侯封地，广狭不同。孟子说与《王制》相应，郑君于《王制》《周礼》不同处多为调停之说。如《王制》言公侯方百里，《周官》公五百里，侯四百里，郑君言是后来益封。

《周礼》与《王制》不同者，（与《仪礼》亦不同。）一官制，二诸侯封地，三庙制，四聘、觐期间。《王制》"三年一大聘，五年一朝"，《公羊》说同《左氏》说，十二年之间八聘、四朝、再会、一盟，郑氏以五年一朝，三年一聘为晋文襄之霸制。

又郑《驳异义》曰："《周礼》是周公之制，《王制》是孔子之后大贤所记先王之事。"

王莽、苏绰、王安石之流，皆自托于行《周礼》，犹今之模仿西洋政制也。

仲尼燕居释义上

将释此文，约义分六科：

一、显遍义。

二、显中义。

三、原治。即广显遍中二义。

四、简过。即简非中非遍。

五、原政。

六、简乱。前序后结可知。

一　显遍义

仲尼燕居，子张、子贡、言游侍。纵言至于礼。

燕，宴之假借字，安也。《论语》："子之燕居，申申如也，夭夭如也。"《玉藻》曰："燕居告温温。"燕、闲皆谓无事之时，不必定以退朝曰燕。《说文》："纵，缓也。"从容谈议谓之纵言，旧训"放"者失之。此为序分。

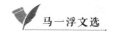

> 子曰："居，女三人者，吾语女礼，使女以礼周流，
> 无不遍也。"

此总显遍义。事无不该之谓遍。周流者，谓其运行周匝而不滞也。以犹用也。日用之间，莫非是礼，故曰："礼乐不可斯须去身。"《礼运》曰："夫礼必本于天，动而之地，列而之事，变而从时，协于分艺，其居人也曰养，郑注："养，当为义。"其行之以货力、辞让、饮食、冠昏、丧祭、射乡、朝聘。"乡，今本误作御，从邵懿辰说改。此所谓"周流无不遍也"。又曰："礼也者，义之实也。协诸义而协，则礼虽先王未之有，可以义起也。义者，艺之分、郑注："艺犹才也。"按曾子曰："德成而上，艺成而下。"艺亦以才言，人之才能须以义裁之，然后能尽其才而无失，故曰"艺之分"也。仁之节也。""故治国不以礼，犹无耜而耕也；为礼不本于义，犹耕而弗种也；为义而不讲之以学，犹种而弗耨也；讲之（以）〔于〕学而不合之以仁，犹耨而弗获也；合之以仁而不安之以乐，犹获而弗食也；安之以乐而不达于顺，犹食而弗肥也。"此有六重而约归于大顺。约事则曰遍，约理则曰顺，一也。

二　显中义

> 子贡越席而对曰："敢问何如？"子曰："敬而不中礼谓之野，恭而不中礼谓之给，勇而不中礼谓之逆。"子曰："给夺慈仁。"

将欲显中，先简其失，此犹告子路以"六言""六蔽"。"不好学"与"不中礼"，虽有"好"而不能，全无修德，则性德不能显也。故广说有六蔽，约说有三失。"不中礼"犹言无当于礼，亦即是不讲之以学也。又《论语》曰："恭而无礼则劳，慎而无礼则葸，勇而无礼则乱，直而无礼则绞。"亦与此同意。给谓辩给，辞之巧也。饰为辩给而托于慈仁，是依似乱德，故曰夺。

> 子曰："师，尔过，而商也不及。子产犹众人之母
> 也，能食之不能教也。"子贡越席而对曰："敢问将何以
> 为此中者也？"子曰："礼乎礼，夫礼所以制中也。"

再简师、商之失，因起子贡之问，正显中义，理无不得之谓中。制者，以义裁之也。子贡辩给有余，子张容仪甚盛，故须抑之；子夏规模稍狭，故须进之。言子产"能食不能教"者，谓其惠而不中礼，以喻"过犹不及"也。子贡虽悟其失，而未知其所以为中，因寄深叹于礼，而明"礼所以制中"。制之以义，乃无过、不及之患，犹能食而兼能教矣。"制中"之义，《礼器》详之。故曰"礼有以文为贵者"，"有以素为贵者"，"有以多为贵者"，"有以少为贵者"，"礼不同，不丰，不杀，盖言称也"。"君子大牢而祭，谓之礼，匹士大牢而祭，谓之攘，管仲镂簋、朱纮、山节、藻梲，君子以为滥。""晏平仲祀其先人，豚肩不掩豆，浣衣濯冠以朝，君子以为隘。""君子之于礼，有直而行，有曲而杀，有经而等，有顺而讨，有渐而播，有推而进，有放而文，有放而不致，有顺而摭"，"是故七介以相见，不然则已悫；三辞三让而至，不然则已蹙"。是皆所以"制中"也。又《乐记》曰："礼主其减，乐主其盈。礼减而进，以进为文；乐盛而反，以反为文。"此亦"制中"之义。

三　原治

> 子贡退。言游进曰："敢问礼也者，领恶而全好者
> 与？"子曰："然。"

郑注曰："领犹治也。"好，善也。恶者，过、不及之名。

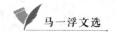

善即中也。此与《礼器》言"释回""增美"同旨。夫礼本是性德之发于用者，性无有不善，即用无有不中，故曰"君子时中"。其有过、不及者，气质之偏为之也。"领恶而全好"者，乃以修德，变化气质而全其性德之真，即是自易其恶，自至其中也。"无不遍"是以性言，"制中"则以修言，从性起修，从修显性，故子游因"制中"一语而有"领恶全好"之问，是悟性修不二之旨也。孔子然之，嘉其善会，故下文为广说遍、中二相，明即修即性；更以得失对勘，显即事之治，重在于修。此问牒前起后，于文应属显中义，后分，故不别立科题。

> "然则何如？"子曰："郊社之义，所以仁鬼神也；
> 尝禘之礼，所以仁昭穆也；馈奠之礼，所以仁死丧也；射
> 乡之礼，所以仁乡党也；食飨之礼，所以仁宾客也。"

此重显遍义，文有五重。举是心加诸彼之谓仁。仁之者，与之浑然同体，故"无不遍"也。孔子言"老者安之，朋友信之，少者怀之"。"安之""信之""怀之"者，即仁之也。幽明不异，故遍于鬼神；祖祢同尊，故遍于昭穆；死生不二，故遍于死丧；尊贤尚齿，故遍于乡党；养贤以及万民，故遍于宾客。食以养阴，飨以养阳，食飨皆养义。所接者，无有弗敬。行于宾客，其著见者。下文准此。推之郑注，仁犹存也。存此者，所以全善之道，义亦通。

> 子曰："明乎郊社之义，尝禘之礼，治国其如指诸掌
> 而已乎！"

别显郊社、尝禘之重。

> 是故以之居处有礼，故长幼辨也；以之闺门之内有

礼，故三族和也；以之朝廷有礼；故官爵序也；以之田猎
有礼，故戎事闲也；以之军旅有礼，故武功成也。

此文亦有五重，每句皆先显遍后显中。"以之"字须着眼，言
用之周流也。

是故宫室得其度，量鼎得其象，味得其时，乐得其节，车
得其式，鬼神得其飨，丧纪得其哀，辩说得其党，官得其体，
政事得其施。加于身而错于前，凡众之动得其宜。

此文别有十重，末句总括。每句互显即遍即中义。《易》曰：
"泽上有水，节。君子以制数度，议德行。"舜之始政，同律度量
衡。物不可遗，故遍；各得其序，故中。其中也，所以能遍也；亦
唯遍也，所以无不中也。"宫室得其度"，则不逾侈；"量鼎得
其象"，则无奇邪；"味得其时"，则非贪；"乐得其节"，则
不滥；"车得其式"，则行有轨；"鬼神得其飨"，则祭不渎；
"丧纪得其哀"，则恩有等；"辩说得其党"，则言有章；"官得
其体"，则任官惟贤；"政事得其施"，则庶绩咸熙。自居处、言
语、饮食、器用之末，达于道路，达于丧祭，达于朝廷，无弗遍
也，无弗中也。加于民者，即"加于身"者。是"错于前"者，即
生于心者。是"凡众之动"，即一人之动也。协于义谓之宜，唯遍
唯中，故咸"得其宜"也。

子曰："礼者何也？即事之治也。君子有其事必有
其治。治国而无礼，譬犹瞽之无相与，伥伥乎其何之？譬
如终夜有求于幽室之中，非烛何见？若无礼，则手足无所
措，耳目无所加，进退揖让无所制。"

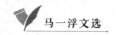

此以即事之治，正显理遍于事。事得其理谓之治，事失其理谓之乱。治即理也，亦训为饬。"有其事必有其治"，言事物皆有当然之则，即所谓礼也。事外无理，故曰"即事之治"。全理即事，全事即理，理事交融，斯名为治。"治国而无礼"以下，设喻两重，所以劝修，先喻后法。言"手足无所措"三句，则今时所谓机械生活，全无自主分者也。

> 是故以之居处，长幼失其别，闺门三族失其和，朝廷官爵失其序，田猎戎事失其策，军旅武功失其制，宫室失其度，量鼎失其象，味失其时，乐失其节，车失其式，鬼神失其飨，丧纪失其哀，辩说失其党，官失其体，政事失其施。加于身而错于前，凡众之动失其宜。如此则无以祖洽于众也。

全翻上文，可知言用处差忒不与礼相应，其失有如此者，一失则一切失之矣。"祖洽"，郑注谓倡始合和，犹今言领导协调也。《礼运》曰："故唯圣人为知礼之不可以已也，故坏国丧家亡人，必先去其礼。"其言之严切如此。坏即治之反。去即失之极。自其性而言之，无弗遍、无弗中也。自其修而言之，有弗遍者，修之可使遍；有弗中者，制之可使中也。因子游"领恶全好"一问，为畅发"即事之治"，明理事不二，乃是因修显性义，得其语脉，庶可以言礼矣。

附语：

事无不该之谓遍，理无不得之谓中，理事不二之谓治。（即事得其理，亦即事外无理。）理事相违之谓过，即事即理之谓政，（即理外无事。）事失其理之谓乱。

"列而之事"，郑云"法五祀"。今按"事"当以《洪范》五事释之，则法象天地，阴阳五行四时俱备。"协于分艺"，则就人言，各使当其才、尽其分也。

清邵氏懿辰曰："货、力、辞、让、饮、食六者，礼之纬也。非货财强力不能举其事，非文辞揖让不能达其情，非酒体牢羞不能隆其义。冠、昏、丧、祭、射、乡、朝、聘八者，礼之经也。冠以明成人，昏以合男女，丧以仁父子，祭以严鬼神，乡饮以合乡里，燕射以成宾主，聘食以睦邦交，朝觐以辨上下。天下之人尽于此矣！天下之事亦尽于此矣！"

"艺之分，仁之节"，换言之，亦可谓才之轨范，德之节目。

"治国不以礼"以下六重，皆性修合说，前后相望，先修后性。

野是质胜文；给是文胜质；逆是文质俱欠，唯血气胜，故谓逆。文胜则巧伪滋，在三者之中其失最大，故申言之。

仁、知、信、直、勇、刚皆美德。（上三是性，下三是才。）愚、荡、贼、绞、乱、狂皆恶行。（上三是己失，下三及于人。）

文如冕服有等之类，素如至敬无文、大羹、玄酒之类，多如庙制之类，少如郊用特牲之类。不丰者应少不可多，不杀者应多不可少。

紘是冕饰边，桷谓之节，梁上楹谓之棁。

郑注"直而行"："若始死，哭踊无节。""曲而杀"："若父在为母期。""经而等"："若天子〔以下〕至（于）〔士〕庶人为父母三年。""顺而讨"："讨犹去也。若天子以十二，公以九，侯伯以七，子男以五为节。""掞而播"："掞之（为）言芟也。"播，布也。正义谓：君祭，群臣助祭，分昨各有所得，芟上使布于下也。"推而进"郑注："若王者之后得用天子〔之〕礼。""放而文"正义：放者，法也。法天以为文。"放而不致"：谓如诸侯以下虽放法而不得极。"顺而摭"：摭犹拾也。郑云："若君沐粱，大夫沐稷，士沐粱。"卑不为嫌，是拾君之礼而用之。

《聘义》："上公七介，侯伯五介，子男三介，所以明贵贱也。介绍而传命，君子于其所尊弗敢质，敬之至也。三让而后传命，三让而后入庙门，三揖而后至阶，三让而后升，所以致尊让

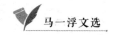

也。""敬让者，君子之所以相接也。故诸侯相接以敬让，则不相侵陵。""减而不进则离"，（销即离。）"盈而不反则流"，（放即流。）故减者进之，盈者反之。程子曰："礼乐止在进反之间。"言损益得中也。

禘有二：一为时祭，一为大祭。此谓时祭也。《王制》："春礿，夏禘，秋尝，冬烝。"《尔雅》"春祠，夏礿"，秋冬同。《诗·小雅·天保》："禴祠烝尝，于公先王。"郑云此周祭名。以禘为殷祭，殷，大也。《公羊传》曰："五年而再殷祭。"凡丧祭曰奠，虞始名祭。

宋严陵方氏悫曰："先郊社，后尝禘，尊亲之序也；先尝禘，后馈奠，吉凶之序也；先馈奠，后射乡，重轻之序也；先射乡，后食飨，众寡之序也。"

《王制》："凡养老，有虞氏以燕礼，夏后氏以飨礼，殷人以食礼，周人修而兼用之。"郑注："凡饮养阳气，〔凡〕食养阴气。阳用春夏，阴用秋冬。"正义引崔氏云：（崔灵恩。）燕者，殽烝于俎，行一献之礼，坐而饮酒，有虞氏帝道弘大，故养老以燕礼。飨则体荐而不介，爵盈而不饮，依尊卑而为献。夏后氏尚敬，故用飨礼。殷人质素，故用食礼。食则不饮酒，享太牢而已。皇氏云："飨礼备物兼燕与食，食礼有饭有殽，虽设酒而不饮。燕礼者，凡正飨食，皆在庙，燕则于寝，燕以示慈惠。"按天子飨诸侯，诸侯相飨，皆下文所谓大飨，以别于飨耆老、飨孤子。

严陵方氏曰："量，器之大者。鼎，器之重者。"

《王制》："宗庙之器不粥于市"，"戎器不粥于市，用器不中度"，"布帛精粗不中数，广狭不中量，不粥于市"，"五谷不时，果实未熟，不粥于市"。

《月令》四时、五味异宜。《论语》："不时不食。"《中庸》言"车同轨，书同文"，车制古最重。

泽容水有限，过则溢，故为节。凡物之大小、轻重、高下、文质皆有数度，所以为节也。数谓多寡，度谓法制。（度本以长短言之。）

庄子曰："明于本数，系于末度。"其明而在数度者，旧法世传之史尚多有之。如《洪范》九畴，所谓本数也；事为之制，曲为之防，所谓末度也。

《王制》："八政：饮食、衣服、事为、异别、度、量、数、制。"郑注："事为、谓百工技艺。异别，五方用器不同。度，丈尺。量，斗斛。数，（十）百〔十〕。制，布帛幅广狭。"

《汉书·律历志》曰："推历生律制器，规圆矩方，权重衡平，准绳（准，水准。）嘉量'，'度长短者不失毫厘，量多少者不失圭撮，权轻重者不失黍累。'万物之数起于黄锺，黄锺初九，其实一龠，以长自乘，故八十一为日法，所以生权衡度量。刘歆三统历本此推之。"

党谓义类，非偏私。体谓实在，非虚滥。施谓敷布，非涂饰。

仲尼燕居释义下

原治之余

子曰："慎听之，女三人者，吾语女礼，犹有九焉，大飨有四焉。苟知此矣，虽在畎亩之中，事之，圣人已。两君相见，揖让而入门，入门而县兴，揖让而升堂，升堂而乐阕，下管《象武》，《夏籥》序兴，陈其荐俎，序其礼乐，备其百官，如此而后君子知仁焉。行中规，还中矩，和鸾中《采齐》。客出以《雍》，彻以《振羽》，是故君子无物而不在礼矣。入门而金作，示情也；升歌《清庙》，示德也；下而管《象》，示事也。是故古之君子，不必亲相与言也，以礼乐相示而已。"

此特举飨礼为言，亦以显遍。言"虽在畎亩之中，事之，圣人已"者，明礼必待其人而后行。苟得其本，虽无其位，不害为圣

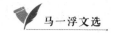

人。反之，则不知其义而徒有其文者未足以为礼也。遍有二义：一理遍，二事遍。事虽阙而理则具者，畎亩犹明堂也，此显理遍。大飨有四，其事有九者，乃显事遍也。"犹有九焉"，上疑有阙文。先儒说九事互异，郑注数金再作、升歌《清庙》、下管《象》为四，余五事不明。孔疏以"行中规"为五，"还中矩"为六，"和鸾中《采齐》"为七，"客出以《雍》"为八，"彻以《振羽》"为九。并引卢氏说："揖让而入门"，一也；"入门而县兴"，二也；"揖让而升堂"，三也；"升堂而乐阕"，四也；"下管《象武》"，五也；"《夏籥》序兴"，六也；"陈其荐俎"，七也；"序其礼乐"，八也；"备其百官"，九也。王肃以"揖让而入门，入门而县兴，揖让而升堂"为一，"升堂而乐阕"为二，"下管《象武》，《夏籥》序兴"为三，"陈其荐俎，序其礼乐，备其百官"为四，添下五事为九。今按"陈其荐俎"，"序其礼乐"，"备其百官"，"行中规"，"还中矩"，皆通言之，不可数为一事。必欲序次为九者，宜以"揖让而入门"为一，"县兴"为二，"升堂""乐阕"为三，"升歌《清庙》"为四，"下管《象武》，《夏籥》序兴"为五、六，郑注："《象武》，武舞。《夏籥》，文舞。序，更也。堂下吹管，舞文、武之乐更起也。"按，既云"更起"，可数为二事。正义谓皇氏不宜通数"《夏籥》"者，非是。郑以八字通读为一句。注云"下管《象》"者，依下文"下而管《象》，示事也"，仍系省文。"中《采齐》"为七，"以《雍》"为八，"以《振羽》"为九。然诸儒俱为"大飨有四焉"一句所碍，审如是，则云"大飨有九事焉"可矣，何以上言九，下又言四？况四事即在九事之中，何为特出言之？次第似不宜尔。故疑"犹有九焉"非指大飨之事，上有阙文，与"大飨有四焉"句法同。"犹"字或是误字。言"大飨有四'者，据《曲礼》'大飨不问卜'，郑注：'祭五帝于明堂。'又《月令》'季秋之月''大飨帝'，郑注："言大飨者，遍祭五帝也。《曲礼》曰

'大飨不问卜'谓此。"是祭五帝名大飨，一也。《礼器》"大飨其王事与"，郑注："盛其馔与贡，谓祫祭先王。"下文云："三牲鱼腊，四海九州之美味也；笾豆之荐，四时之和气也；内金，示和也；束帛加璧，尊德也；龟为前列，先知也；金次之，见情也；丹漆丝纩竹箭，与众共财也；其余无常货，各以其国之所有，则致远物也；其出也，肆夏而送之，盖重礼也。"此为天子大祫，诸侯来助祭之事甚明。又引孔子曰："诵《诗》三百，不足以一献；一献之礼，不足以大飨；大飨之礼，不足以大旅；大旅具矣，不足以飨帝。毋轻议礼。"郑注："大旅，祭五帝。飨帝，祭天。"是宗庙祫祭亦名大飨，二也。《郊特牲》："诸侯适天子，天子赐之礼大牢。""诸侯为宾，灌用郁鬯，灌用臭也，大飨尚腶修而已矣。"郑注："亦不飨味也。此大飨，飨诸侯也。"上文"郊血，大飨腥，三献爓，一献孰，至敬不飨味，而贵气臭也"，对郊为言之大飨乃指宗庙之飨。《周礼·春官·大宗伯》："以嘉礼亲万民"，"以飨燕之礼亲四方之宾客"。《秋官·掌客》："凡诸侯之礼"，上公"三飨三食三燕"，侯伯"三飨再食再燕"，子男"一飨一食一燕"。是天子飨诸侯亦名大飨，三也。又《郊特牲》："大飨君三重席而酢焉。"郑注："言诸侯相飨，献酢礼敌也。"正义："此大飨谓诸侯相朝，主君飨宾，宾主礼敌，故主君设三重席而受酢焉。""三重席是诸侯之礼，而又称君，故知诸侯相飨也。"是诸侯相朝、主君飨宾亦名大飨，四也。大飨之名有此四者，今举两君相见，则是属于第四，非指九事而言。又《郊特牲》云："宾入〔大门〕而奏《肆夏》，示易以敬也。卒爵而乐阕，孔子屡叹之。奠酬而工升歌，发德也。"正义曰："飨礼既亡，无可凭据。今约《大射》及《燕礼》解其奏乐及乐阕之节。"按此篇"两君相见"以下，正足以补飨礼之缺，故不定是九事也。言有九者，疑或指祭天之事。如言"明乎郊社之义，尝禘之礼，治国其如示诸掌"之例。按《礼记》正义引皇侃云："天有六天，岁

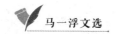

有九祭。今本九祭字讹为六。冬至圜丘，一也。夏正郊天，二也。五时迎气，五也。通前为七也。九月大飨，八也。雩与郊禖为祈祭，崔氏崔灵恩以雩为常祭，九也。"如言"祭天有九，大飨有四"，而下文别就诸侯相飨一义言之，则于文为顺。今但可阙疑，不敢辄为臆说。学者当深体知仁示德、无物而不在礼是显遍义无疑。而曰"不必亲相与言，以礼乐相示而已"亦不是专主飨礼而言，以飨礼推之可也。

四　简过

> 子曰："礼也者，理也。乐也者，节也。君子无理不动，无节不作。不能诗，于礼缪；不能乐，于礼素；薄于德，于礼虚。"

> 子曰："制度在礼，文为在礼，行之其在人乎？"子贡越席而对曰："敢问夔其穷与？"子曰："古之人与？古之人也，达于礼而不达于乐，谓之素；达于乐而不达于礼，谓之偏。夫夔达于乐而不达于礼，是以传于此名也。古之人也。"

此文分两节，先法后人。今初将欲简过，更须明中。"礼也者，理也。乐也者，节也"，是申明中义。礼乐互说，节是理之节，理是节之理。理本中，所以为中者，以其有节也。君子无理不动，动即是中；无节不作，作必应节。是无往而非礼乐，中而兼遍也。"不能诗，于礼缪；不能乐，于礼素；薄于德，于礼虚"三句，正简过。不能诗乐，简不遍；缪、素，简不中。不遍则不中也。第三句双简不中不遍。缪谓违失，素谓空疏。旧训"朴"，谓无文也。引申则为空义。《易》"不素饱"，《诗》"不素餐兮"，皆训空。虚则文胜而无实，如法家辨等，威明上下，有近于礼，而专任刑罚，惨刻寡恩，流为不仁，是有礼而无诗也。道家清虚夷旷，近于乐，其流至任诞废务，是有乐而无礼也。墨家兼爱，不识分殊，则倍于礼；俭而无节，其道太觳，则乖于乐。名家驰骋辩说，务以胜人，其言破析无当于诗，其道舛驳无当于礼。此皆不中不遍之过。举此三过与前文不中礼之三失，以是推之，判六国时异说流失亦略尽矣。就本文三句言，则初句正判名、法二家，次句正判墨家，末句则判道家。道家以礼为忠信之薄，乃矫文胜之弊而过之，遂欲去礼，是亦于礼虚也。本以文胜为虚，欲救其失而径去其礼，是与之同过。上来简法，次节简人。制度、文为，即指经曲之数垂在方策者，行之在人，所谓"待其人而后行也"。子贡因问"何以为中"，得兼闻遍义，已悟有礼不可无乐，有乐不可无礼，故更有"夔其穷与"之问。夔乃独以乐称，以视舜、禹则为偏而不遍。观《虞书》命夔"典乐，教胄子。直而温，宽而栗，刚而无虐，简而无傲"，皆乐德之中也，故以"古之人"称之。虽未许其遍，然是深达于乐德之人，亦是叹美之辞也。孔子之言，每叹古而惜今。如曰"古之愚也直，今之愚也诈"，"古之学者为己，今之学者为人"，自称"信而好古"，与狂狷而恶乡愿，以狂狷皆志欲适古而不安于今者，乡愿则唯求合于今而不知有古者也。孟子称乡愿之行曰："生斯世也，为斯世也，善斯可矣。"是知言今者以表流俗，言古者则是出乎流俗者也。又言成人者即谓成德，礼乐皆得谓之有德，亦谓之成人。《论语》曰："臧武仲之智，公绰之不欲，卞庄子之勇，冉求之艺，文之以礼乐，亦可以为成人矣。"四子皆遍至之才，文之以礼乐，乃为成德。知此，则所谓行之在人者，其为何如人，亦可知矣。

五 原政

　　子张问政。子曰："师乎，前，吾语女乎！君子明于礼乐，举而错之而已。"子张复问。子曰："师，尔以为必铺几筵，升降酌献酬酢，然后谓之礼乎？尔以为必行缀

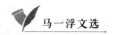

兆，兴羽籥，作钟鼓，然后谓之乐乎？言而履之，礼也；行而乐之，乐也。君子力此二者，以南面而立，夫是以天下太平也。诸侯朝，万物服体，而百官莫敢不承事矣。"

此明即事即理，舍礼乐无以为政。故政之实，礼乐是也；礼乐之实，言行是也。以子张高明之资，犹疑政与礼乐为二事，复未知礼乐即是言行之相应而得其理者，故复告之以此。夫"安上治民，莫善于礼"，"移风易俗，莫善于乐"，"政者，正也"，所以正己而正人也。舍礼乐，何以哉？以法制禁令为政者，是不揣其本而齐其末也。《乐记》曰："致乐以治心，则易直子谅之心〔油然而生矣。易直子谅之心〕生则乐，乐则安，安则久，久则天，天则神。天则不言而信，神则不怒而威。""致礼以治躬则庄敬，庄敬则严威"，"民瞻其颜色而弗与争也，望其容貌而民不生易慢焉，故德辉动于内而民莫不承听，理发（于）〔诸〕外而民莫不承顺。故曰：致礼乐之道举而错之天下。无难矣。"与此篇义旨相应。君子言之必可行也，先行，其言而后从之。"言顾行，行顾言"，是无言而弗履也。君子不疑其所行。"乐则行之，忧则违之"，是无行而弗乐也。"言满天下无口过，行满天下无怨恶"，"内省不疚，何忧何惧？"唯其非礼弗履，故能"遁世无闷"，其所以致礼乐之道者，在履其言、乐其行而已矣。南面以临天下与在畎亩之中无以异也。事理相望，则政为事而礼乐为理，礼乐为事而言行为理，言行为事而履与乐为理，履又为事而乐为理。一以贯之，则于斯义可无疑也。

六　简乱

礼之所兴，众之所治也；礼之所废，众之所乱也。目巧之室，则有奥阼，席则有上下，车则有左右，行则有随，立则有序，古之义也。室而无奥阼，则乱于堂室也；

席而无上下，则乱于席上也；车而无左右，则乱于车也；
行而无随，则乱于涂也；立而无序，则乱于位也。昔圣
帝、明王、诸侯辨贵贱、长幼、远近、男女、外内，莫敢
相逾越，皆由此涂出也。

此以礼之兴废明治乱之所由。兴废在人而治乱及众，"圣帝
明王诸侯"者，兴礼之人也。"贵贱、长幼、远近、男女、外内"
者，所治之众也。言古昔者，叹古之所兴，今之所废也。有无五重
对勘，由居处坐立推于涂路，明得之则治亦遍，失之则乱亦遍也。
由此涂出则治，不由此涂出则乱。《曲礼》曰"有礼则安，无礼则
危"，得失之故可知矣。圣言反覆申明，特拈中、遍二义，总显礼
为性德之用无乎不在，而其言之要约又如此，故谓学者苟欲学礼，
其必于此篇之言三致意焉。

　　　　三子者既得闻此言也于夫子，昭然若发蒙矣。

记者之辞，结文可知。每揽佛氏三分科经，其流通分中记说
法，一会必有若干人得法眼净，亦犹此旨。若闻而不领，则是非
器，犹瞽者无以与于五色，聋者无以与于五音也。三子者既是当
机，故昭然若发蒙矣。

附语：

《采齐》是佚诗。《玉藻》："趋以《采齐》，行以《肆
夏》。"《振羽》，即《振鹭》。

严陵方氏曰："客出以《雍》，见客之能《雍》也。《振鹭》
之诗曰：'在彼无恶，在此无斁。'彻以《振羽》，见主之无斁
。且《雝》，禘太祖之诗也。其用大，故歌以送客。《振鹭》，助
祭之诗也。其用小，故歌之以彻器而已。"又："诗本用之于禘与
助祭，而用之大飨者，犹《鹿鸣》本以燕群臣，而又用之于飨饮酒
也。示情者，宾主以情相接也；示德者，以德相让也；示事者，以

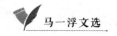

事相成也。"

股修，谓加椒姜而已。

正义："王者又各以夏正月祀其所受命之帝于南郊，雩祭亦行于南郊，祭五天帝而以五方之人帝配之。"（人帝，如炎帝、太昊是。）

智近名、法家，不欲近道家，勇与艺近墨家。四家者，皆短于礼乐，即非其人。如四子之才，文之以礼乐，乃为成人，此谓可以行礼乐之人也。

缀兆，舞者之行列。《乐记》曰："其治民劳者，其舞行缀远；其治民逸者，其舞行缀短。"郑注："民劳则德薄，缀相去远，舞人少也。民逸则德盛，缀相去近，舞人多也。"字亦作酂。酂，聚也。正义曰："舞人行位之处，〔立〕表酂以识之。"

方氏曰："言而履之，是践言也，行而乐之，是安行也。万物犹言万事，服体犹言各服其体，不相侵也。"（即"万事得其序"之义。）石林叶氏曰："履其礼而达所履于天下，行其乐而达所乐于天下，则功成治定而天下太平矣。"

作室者，工巧之事，工巧之运在目，故曰"目巧之室"。

方氏曰：'隅有奥，尊者所处，以别于卑；阶有阼，主人所历，以别于宾。此室有奥阼也。席或以南方为上，或以西方为上，所谓席有上下也。乘车之法，君在左，勇士在右，所谓车有左右也。父之齿随行，五年以长则肩随之，所谓行有随也。天子南乡而立，公侯以下各有位，所谓立有序也。古礼如是，非徒以为文，各有义存焉，故曰古之义也。'

延平周氏曰："室之奥，席之上，车之左，行之前，立之东，阳也；室有阼，席有下，车有右，行有后，立有西，阴也。"

石林叶氏曰："一室、一席、一车、一行、一立，而幽明上下，各有所辨，况贵贱、长幼、远近之序，天理所具有哉。"

希　言

　　子以四教：文、行、忠、信。文是世界悉檀，行是为人悉檀，忠是对治悉檀，信是第一义悉檀。文无意，行无必，忠无固，信无我。

　　仁者法身德，知者般若德，勇者解脱德。

　　孟子曰"勿忘""勿助"，忘是任病，助是作病。

　　周子曰："元亨，诚之通；利贞，诚之复。""克己复礼"是利贞，"天下归仁"是元亨。"自诚明谓之性"，元亨也；"自明诚谓之教"，利贞也。礼主利贞，乐主元亨。

　　六艺对辨本迹，如《诗》《书》《礼》《乐》是迹，《易》《春秋》是本；《礼》《乐》是迹，《易》是本。

　　"尧舜之道，孝弟而已矣"，"夫子之道，忠恕而已矣"，孝与忠，弟与恕，一也。以佛法言之，忠、孝是涅槃心，弟、恕是菩提心。故曰"入则事父兄"，"出则事（长上）〔公卿〕"，又曰"弟子入则孝，出则弟"。弟子犹言菩萨。入则寂灭，随顺觉性，故名为孝；出是应现，摄化众生，故名为弟。不起于座是入也，现诸威仪是出也。如来座者，一切法空，是孝也；如来衣者，柔和忍辱，是弟也。忠者自孝而推之，不独亲其亲；恕者自弟而推之，不独长其长。孝弟、忠恕亦仁而已矣，仁是总相，孝弟、忠恕是别相。如来室者，众生身中大慈悲心，是仁也。孝弟、忠恕是一事，出入是一时，菩提、涅槃是一性，尧、舜、孔、佛是一人。

　　心外无物，身外无民，《大学》之要义也。

　　"孔子祖述尧、舜，宪章文、武"，"文、武之政，布在方策"，"文、武之道，一张一弛"，文表智德，武表断德。睦州

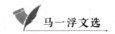

云："裂开也在我，捏聚也在我。"是即一张一弛之说也。

摄一切法为男，生一切法为女，诸经多以男表实智，女表权智，实非权不显，犹男非女不生。故《易》曰："男女媾精，万物化生。"媾精即致一，犹言权实不二耳。智虽以应物为用，贵其不动，故女以贞静自处，乃为君子好逑。凡《易》《诗》多言男女，准此可知。世智逐物，犹女之不德，《诗》之刺艳妻，恶淫奔，皆诚放心之旨。

郊祀用牛，所以报天。天即法性，用牛者，表顺也。《虞书》四方巡守，"归，格于艺祖，用特"，亦此义。艺祖为谁？识得艺祖，巡守事毕，可以为天子矣。舜初摄政，"正月上日，受终于文祖"，及尧殂落，"月正元日，舜格于文祖"。文祖凡二见，艺祖一见。孔安国传谓"尧，文德之祖庙"，亦自有义。《易》上爻为宗庙，可思准之。

"穷则独善其身，达则兼善天下"，穷达皆以道言，道隐为穷，道通为达。舍之则藏，用之则行，是圣人分上事，故孔子独许颜子。盖缘起则形，缘离则息，是无相之身，无知之智，如水中月，如空谷响，垂迹即言用舍，达本实无行藏。穷达独兼，义亦准此。达乃非兼，穷亦无独，非兼者天下在身，无独者身舍天下。以天下摄归一身，似《华严》以理夺事门，故独义得成，犹云"尽大地只是诸人自己"也；以一身遍应天下，似《华严》事能显理门，故兼义得成，犹云"无刹不现身"也。亦可会寂返体为穷，随流妙用为达。正达而穷，方穷而达，穷达一际，乃为究竟。直下壁立千仞，把断要津，不通凡圣，始成独善；用时七纵八横，杀活自在，不负来机，始成兼善。不兼不成独，不独不成兼，非兼非独，而兼而独。学者先须决了身外无天下，天下即是身，始许说兼说独，然后能达能穷。若看作两橛，终无入头处也。

孔子贵革，老子贵因。孔子革而因，老子因而革。故知革不异因，因不异革者，乃可与言孔、老之道。

《龟山语录》云："孟子曰'形色，天性也'，犹《诗》言'有物（必）有则'也。物即是形色，则即是天性，唯圣人然后可以践形体性故也。盖形色必有所以为形色者，是圣人之所履也。谓形色为天性，亦犹所谓色即是空。"愚按龟山此言不若易作"相即是性"，于义尤洽。

《大戴礼·曾子立事》篇曰："君子好人之为善，而弗趣也；卢注云：不促速之。恶人之为不善，而弗疾也。"达磨为杨衒之说偈曰："亦不睹恶而生嫌，亦不观善而勤措。"何其言之似曾子也。

《大戴礼·勤学》篇曰："知明则行无过。"沩山谓仰山曰："只贵子见地，不贵子行履。"亦此意也。

《韩诗外传》曰"所谓庸人者"，"从物而流，不知所归，五凿为政，心从而坏"，"是以动而形危，静则名辱"。《大戴礼》《荀子》同。此与《楞严》说六根流逸，循声流转义同。

《易》教洁静精微，洁者无垢，静者不动，精者不杂，微者离相，即是显示真心也。其失也贼，则迷真起妄。元依一精明，分成六和合，六为贼媒，自劫家宝，斯号妄心，乃为贼矣。洁静精微而不贼，则惟妙觉明、远离诸妄之谓也。《阴符》曰："天有五贼，见之者昌。"认贼为子，是名不见，见则不能为贼矣。贼犹害也。宗门曰"识得不为冤"，冤即害也。

《系辞传》曰："圣人以此斋戒，以神明其德夫。"斋是定，神明其德是慧。

儒谓之向内体究，禅谓之回光反照；儒谓之反躬，禅谓之就己；儒谓之复，禅谓之转。

《华严》曰："知一切法，即心自性，成就慧身，不由他悟。"《论语》曰："一日克己复礼，天下归仁。为仁由己，而由人乎哉？"《中庸》曰"其为物不贰，则其生物不测"，佛曰"天上天下，唯我独尊"，是一法界性之谓也。《易》始于一，正谓法界量。程子曰"圣人分上一礼也不消"，则法界量尽。

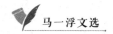

颜子"请问其目"，目犹门也。"请事斯语"，正如洞山所谓"吾尝于此切"。好个下功夫处，一切圣贤皆从此入。

大鉴谓荷泽曰："与汝道无名无字，汝便唤作本源佛性。"明道曰："才说性时便已不是性了。"真乃异口同声。

《系辞传》曰："仁者见之谓之仁，智者见之谓之智，百姓日用而不知。"孟子曰："行之而不著，习矣而不察，终身由之而不知其道者，众也。"孔子曰："民可使由之，不可使知之。"皆明道在目前，人自不会耳。

波罗提答异见王云"作用是性"，与孟子"乃若其才，则可以为善矣"意旨不别，才即作用之谓也。八处之说看似稍粗，四端之说看似稍细，实则离此八处亦何有四端。二俱直指，然实易见难识，毫厘有差，天地悬隔。误会波罗提语者，只认得个昭昭灵灵底；误会孟子语者，挽入情见里去：辜负此二老者不少，择乳须是鹅王始得。

言岂一端而已哉，夫各有所当也。《系辞传》曰："夫《易》彰往而察来，而微显阐幽，开而当名辨物，正言断辞，则备矣。其称名也小，其取类也大。其旨远，其辞文。其言曲而中，其事肆而隐。"岂惟《易》然，圣人之教皆然。不知其所当，则为不知言。当之为言，如标月指，故曰"直须句外明宗，莫向言中取则"，"识取钩头意，莫认定盘星"。会得此旨，乃可与立言，可与忘言。

《论语》子曰："回也，其心三月不违仁。"程子曰："三月，天道小变之节，言其久也。""不违仁，只是无纤毫私欲，小有私欲，便是不仁。"此语亦是证者方知，所谓"但有纤毫便是尘"也。

《中庸》"征诸庶民"，犹《圆觉》言"一切众生皆证圆觉"也。《华严》云"佛成道时曰：奇哉！一切众生皆具如来智慧德相，但以妄想执著而不证得"，此是《中庸》"征诸庶民"的实注脚。

"可欲之谓善"是比量而知，"有诸己之谓信"是现量自证。

"吉凶之道，贞胜者也；天地之道，贞观者也；日月之道，贞明者也；天下之动，贞夫一者也。"学者先须看此数句，忽然实见贞观、贞明之理，乃可与言《易》矣。

万机顿赴而不挠其神，千难竟对而不干其虑，所谓"物来而顺应"也。

闻道非耳，见性非眼。

"吾未见好德如好色者也"，是说《诗》亡《关雎》不复作也。《关雎》以淑女喻贤才，人之好德如《关雎》之求淑女，寤寐不忘，岂有不闻道者？人君如此而不王者，未之有也。屈原作《离骚》，以女喻贤臣，其时去《诗》未远，犹为得之。

"天命之谓性"是约，"率性之谓道"是博，"修道之谓教"是由博以至于约。

乾是自受用，坤是他受用，故曰"乾知大始，坤作成物"。

乾是法身，坤是报化身。

天地人三极之道，犹三德、三身也。

乾以自知，坤以应物。自知唯健，应物唯顺。

孔子曰："吾于《易》得坤乾焉。"坤属学，乾属性。臣奉于君，子顺于父，修复于性，所谓坤乾也，故曰归藏。

朱子注"我叩其两端而竭焉"云："言终始、本（云）〔末〕、上下、精粗，无所不尽。尹氏曰：'圣人之言，上下兼尽。（极）〔即〕其近，众人皆可与知；极其至，则虽圣人亦无以加焉。'"辅氏曰："圣人之言，非有意于上下兼尽，盖其所得之道本末兼赅，表里如一，言之所发，自不能不尽也。如告樊迟问仁智两端，程子谓此是彻上彻下语，圣人元无二语，皆所谓竭两端之教也。"愚谓"彻上彻下"便是"一贯"的实注脚，此与"吾道一以贯之"之旨同。但就鄙夫分上说则谓"竭两端"，告曾子、子贡则云"一贯"。须是不见有两端，始明一贯，如知微之显，知远之近，即是

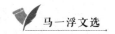

不见有两端也。

《维摩诘经》立不二法门，不二法门正是一贯之道。

"体信"是忠，"达顺"是恕。

朱子曰："信只是实理，顺只是和气。体信是致中的意思，达顺是致和的意思。"

黄石斋云："礼乐止是中和，致中谓礼，致和谓乐。《易》说《大壮》'以非礼弗履'，说《豫》'以作乐崇德'，两卦皆雷也。天地作用雷为大，人身作用怒为大。风雨皆生于雷，哀乐皆生于怒。雷从健出，比于礼；雷从顺出，比于乐。怒从健出，礼以止之；怒从顺出，乐以平之。故先王为礼乐以道中和，天地性情居然可见。地雷曰《复》，天雷曰《无妄》，雷地曰《豫》，雷天曰《大壮》。礼乐中和于是见象，而诚明之义亦尽于此。"石斋之意，盖以气动为怒。"雷以动之"，"地载神气，神气风霆，风霆流形，庶物露生"，其此之谓欤？

太史公云："诸家言黄帝，其文不雅驯，荐绅先生难言之。"古史多存神怪，或纪黩乱之事，不可以示后，故删《书》断自唐虞。《论语》"子不语怪力乱神"，殆指古史之事实也，如伏羲人首蛇身，夸父逐日，羿射九日之类。《楚辞·天问》一篇犹可见古史之仿佛。今《诗》《书》唯《生民》《玄鸟》《金縢》梦帝与龄诸事为删而未尽者，于义无害则存之。然纬候所述即依此傅会，圣人亦不能豫禁之也。"其父攘羊，而子证之"，"吾党之直（躬）者异于是。父为子隐，子为父隐，直在其中矣"，此亦《春秋》文致太平之义，见圣人之微意。故史必有义，取其可监于后而止，不必尽著其事实也。"周监于二代，郁郁乎文哉"，言史家贵文，因事立义，若其事不足以为法戒者，去之可也。进退褒贬，乃主于义，故曰"其义则某窃取之"。学者治史，当先明圣人因事立义之旨，方不为史文所惑。后之作史者不明《春秋》之义，不足以为法也。

圣人终日言，未尝言，何以故？因言遣言，言即无言，无言之言，是名为言，非是无言。

圣人终日酬酢万变而终日无为。酬酢万变则非不为，只是因物付物，不著有为，故名无为。

"无然歆羡，无然畔援"，文王之心也。"不侮鳏寡，不畏强御"，仲山甫之心也。"学而不厌，诲人不倦"，孔子之心也。"不轻未学，不敬多闻"，如来之心也。

乾道是圣，坤道是贤，乾道是顿，坤道是渐。朱子曰："克己复礼是乾道，居敬行恕是坤道。"颜渊、仲弓之学自有高下浅深，正以颜子是顿悟，而仲弓则渐修也。

或问：如何是教？曰："如是我闻。"如何是宗？曰："一时佛在。"

或问：如何是化城？曰："有。"问：如何是宝所？曰："空。"

或问：如何是现实？曰："现即非实。"问：如何是理想？曰："理即非想。"

"圣人之作《易》也，将以顺性命之理，是以立天之道曰阴与阳，立地之道曰柔与刚，立人之道曰仁与义。"阴阳者，气也。刚柔者，质也。仁义者，理也。六爻之中正是也。中即仁，正即义。

礼之节，皆本于自然。凡言时之久者，或言三月，或言期，或言三年，或言世，或言十世，或言百世。如"三月不违仁"，"三月不知肉味"，"期月而已可也"，"三年有成"，"比及三年，可使有勇，且知方也"，"如有王者，必世而后仁"，"子张问十世，子曰：其或继周者，虽百世可知也"，"百世以俟圣人而不惑"，"君子之泽，五世而斩"，孟子言"五百年必有王者兴"，其所举数字，皆不可泥。大约以三月为始数，百世为终数。《大戴礼》宰我问孔子曰：荣伊言黄帝三百年，"请问黄帝（何）〔者〕人（也）〔邪〕，抑非人（也）〔邪〕？何以至

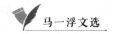

〔于〕三百年乎？"对曰："生而（人）〔民〕得其利百年，死而（人）〔民〕畏其神百年，亡而（人）〔民〕用其教百年。"《史记》集解引皇甫谧曰"黄帝在位百年而崩，年百一十一岁"，此亦不可据。虽曰"生而神灵，弱而能言，幼而徇齐，长而敦敏，成而聪明"，亦无十一岁遂即帝位之理。故知三年但言其久，三年不改则终身不改可也。

《孟子》引孔子曰："唐虞禅，夏后、殷、周继，〔其义〕一也。"此续莫大焉之旨。

古人谓其所生之国曰"父母之邦"，亦曰"宗邦"，本其爱亲之心，而后能爱其邦国，守之弗去。今人亦盛言爱国矣，其所谓爱国心者将何自而推之邪？方言爱国，而于中国圣智之法视若无物，盛慕欧化，望尘莫及，岂非不爱其亲而爱他人邪？古人言必则古昔，称先王，今则言必则现代，称夷狄，此谓他人父之类也。《孝经》曰："君子之事亲孝，故忠可移于君；事兄弟，故顺可移于长；居家礼，故治可移于官。"《孟子》曰："未有仁而遗其亲者也，未有义而（遗）〔后〕其君者也。"今人亦知重视对于国家社会之道德行为，而以父子、兄弟、夫妇之关系为私德，此之谓不知本。

西洋人有所谓国家学者，其言国家成立之元素有三，曰土地、人民、统治权也。在今日当更益以经济力量及军事力量。无论民主国家、极权国家，其汲汲皇皇，与接为构，日以心斗，皆有僬焉不可终日之势。有强权而无公理，有阴谋而无正义，国际间只有利害，无复道德可言。社会观感无形中受此影响，于是人与人之间亦只有利害之结合，苟为求生，无所不至。其所谓对于国家、社会之道德行为者，依于法律，出于利害，绝无礼乐之意行乎其间，以其无本可推也。

如西洋法律不许虐待动物，此有似于仁政，所谓推恩已及于禽兽，而功不加于百姓者也。登公共车，壮者必让老者，男子必让妇孺，亦有敬老慈幼之心焉。而父子、夫妇异财，恩义至薄，如贾谊讥秦俗好分异，兄借耰锄，虑有德色，母取箕帚，立而诟谇，此真夷狄之道也。交际虽亦知重礼貌，而见利则争，此所谓"放饭流歠而问无齿决"，"不能三年〔之〕丧而缌小功之察"者也。孟子曰："不仁哉，梁惠王也！仁者以其所爱及其所不爱，不仁者以其所不爱及其所爱。"彼之好战胜攻取，糜烂其民而不知恤，皆由不知本孝弟之心以推之故，若秦人视越人之肥瘠，无所动于中也，虽亦言同情心，乃是煦煦孑孑之细耳。

黄勉斋答胡伯量书云："干老矣，未能忘禄。非禄之不可忘也，不仰禄则又须别求所以糊其口，而劳心害义反甚于仰禄。以是东西南北，唯命是从，何去就出处之敢言，何功名事业之敢望？特汩没世俗，学问尽废，大为师门之罪人，不敢自文也。"又云："来书所谓'甚费造化，断不可辞'，此语却与向来议论不同。今之出仕，只是仰禄不得已，若谓合义，则非所敢闻。只管如此立说，却是浙闲议论也。"其言质实如此。世有明明徇禄而高言义仕者，真欺人语，宜为勉斋所诃矣。

赵与时《宾退录》云："张无垢有《论语》绝句百篇，《夫子之文章可得而闻也，夫子之言性与天道不可得而闻也》曰：'既是文章可得闻，不应此外尚云云。如何夫子言天道，肯把文章两处分？'《颜子箪瓢》曰：'贫即无聊富即骄，回心独尔乐箪瓢。个中得趣无人会，惆怅遗风久寂寥。'"

林艾轩答人问"忠恕而已矣"云："南人偏识荔枝奇，滋味难言只自知。刚被北人来借问，香甜两字且酬伊。"又答魏天随几问"克己复礼"云："五湖风月天，随闻言豁然。"林载德阿盥从先生于红泉，出揖客，色赧然，因示之曰："心不负人，面无赧容。"载德卒以行义名。艾轩学通六经，而生平未尝著书，尝曰："道之本体同于太虚，六经既发明之，后世注解已涉支离，若复增加，道愈远矣。"其标格如此。

《庚溪诗话》云："林懿成，永嘉人。喜为诗，与会稽虞仲琳

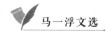

相善。虞颇通性理之学，林以诗送其行曰：'男儿何苦弊群书，学到根原物物无。曾子当年多一唯，颜渊终日只如愚。水流万折心无竞，月落千山影自孤。执手沙头休话别，与君元不隔江湖。'"赵与时《宾退录》以此为虞送林诗，盖误。诗即未工，意自洒落。

《朱子语类》吴寿昌字大年，邵武人。录云，寿昌问："鸢飞鱼跃，何故仁便在其中？"先生良久微笑曰："公好说禅，这个亦略似禅，试将禅来说看。"寿昌对："不敢。"曰："莫是'云在青天水在瓶'么？"寿昌又不敢对。曰："不妨试说看。"曰："渠今正是我，我今不是渠。"曰："何不道'我今正是渠'？"

又云，先生问寿昌："子好说禅，何不试说一上？"寿昌曰："明眼人难谩。"先生曰："我则异于是，越明眼〔底〕，越当面谩他。"

又云，先生问寿昌："子见疏山，有何所得？"对曰："那个且拈归一壁去。"曰："是会了拈归一壁？是不会了拈归一壁？"寿昌欲对云："总在里许。"然当时不曾敢应。先生为寿昌题手中扇云："长忆江南三月里，鹧鸪啼处百花香。"执笔视寿昌曰："会么？会也不会？"寿昌对曰："总在里许。"

又云，先生曰："子所谓'贤者过之'，夫过犹不及，然其玩心于高明，犹贤于一等辈。"因问："子游庐山，尝闻人说一周宣干否？"对曰："闻之。"先生曰："周宣干有一言极好：'朝廷若要恢复中原，须要罢三十年科举始得。'"按朱子举此语是因寿昌学得一肚皮禅，教伊一时扬却。寿昌当时若会，便直下洒落自在矣。后儒辟禅，真似三家村里挑柴汉子说中书堂上议事，且不识科举为何物，更何论恢复中原邪？

《列子·天瑞》篇："舜问乎烝曰：'道可得而有乎？'曰：'汝身非汝有也，汝何得有夫道？'舜曰：'吾身非吾有，孰有之哉？'曰：'是天地之委形也。生非汝有，是天地之委和也。性命非汝有，是天地之委顺也。孙子非汝有，是天地之委蜕也。'"会得此语，在释则证二空，"身非汝有"是人空，"不得有夫道"是法空。在儒则尽己私。《礼记》曰："天子有善，本之于天。诸侯有善，本诸天子。卿大夫有善，本之于君。士庶人有善，本诸父母。"非不敢有也，不得有也，正与《列子》"汝身非汝有""汝何得有夫道"之意同。故梁武问达摩："如何是圣谛第一义？"对曰："廓然无圣。若立圣谛，是道可得而有矣。"庄子曰："至人无名，神人无功，圣人无己。"比之达摩，犹嫌语拙。

云岩《宝镜三昧》云"臣奉于君，子顺于父，不顺非孝，不奉非辅"，此与哪吒割骨还父、割肉还母公案意同。"不挂灵衣，始全孝道"，此亦谓不得有夫道也。

洞山云："悟则不无，争奈落在第二头。"程子说"伊尹终有任之意在"，此犹禅家有悟之意在，只是第二头。若孔子之时，有甚气息，真是闲名已谢矣。

肇公《物不迁论》云："求向物于向，于向未尝无，责向物于今，于今未尝有。于今未尝有，以明物不来，于向未尝无，故知物不去。覆而求今，今亦不往。是谓昔物自在昔，不从今以至昔；今物自在今，不从昔以至今。"又云："今若至古，古应有今，古若至今，今应有古。今而无古，以知不来；古而无今，以知不去。事各性住于一世，有何物而可去来？"此可破尽历史演变之说。

或问："先生之学出于禅邪？"曰："谓禅出于我可，谓我出于禅不可。"或曰："前乎先生或已有禅矣，何谓其出于我也？"曰："子不会禅。禅无先后，亦非有无。"

或问："今世之言哲学者必先逻辑，敢问义学亦用逻辑乎？"曰："法，非法，是名法，亦逻辑也。汝言逻辑，即非逻辑，是名逻辑。子将谓此为逻辑乎？且吾闻逻辑之义，华言为思，言语道断，心行路绝，拟心即差，动念即乖，虽有逻辑，其将安施？此谓以蹄涔之水测度如来大智慧海，汝谓其可得乎？"

佛氏立二种世间，情世间之变化为生、住、异、灭四位，器

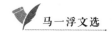

世间之变化为成、住、坏、空四位。实则只有生、灭二位耳，生后一位名住，灭前一位名异，成、坏准此。《易》曰，君子以观消息盈虚，"天行也"，"一阴一阳之谓道"，"一阖一辟（之）谓〔之〕变"。不立情、器差别，而谓之天行。虽曰形而上之谓道，形而下之谓器，"在天成象，在地成形"，"精气为物，游魂为变"，皆命曰神之所为。知变化之道者，其知神之所为乎。神者何？此心之妙用也。故曰"神无方而易无体"，"观天之神道，而四时不忒。圣人以神道设教，而天下服矣"，神道即天行也，神之所为即心之所为也。阴阳、刚柔、动静、阖辟，皆此一心之变化，而其变化之情则"消息""盈虚"四字尽之。盈则消，虚则息，实则只有消息二位。不以生、灭、成、坏为言而命之曰"消息"者，明其变化之机无有间断，不可说为生、灭、成、坏之相，亦不可定分情、器也。故曰"生生之谓易。成象之谓乾，效法之谓坤。极数知来之谓占。通变之谓事。阴阳不测之谓神"，其下字之精如此。

魏晋间逸说考

贵无论

《晋书·王衍传》："魏正始中，何晏、王弼等祖述《老》《庄》，立论以为：'天地万物皆以无为本。无也者，开物成务，无往不存者也。阴阳恃以化生，万物恃以成形，贤者恃以成德，不肖恃以免身。故无之为用，无爵而贵矣。'衍甚重之。惟裴頠颇以为非，著论以讥之，而衍处之自若。"衍"妙善玄言，惟谈《老》《庄》为事"，"义理有所不安，随即改更，世号'口中雌黄'"，"后进之士，莫不景慕放效"，"矜高浮诞，遂成风俗焉"。又《裴頠传》曰"頠深患时俗放荡，不尊儒术，何晏、阮籍素有高名于世，口谈玄虚，不遵礼法，尸禄耽宠，仕不事事，至王衍之徒，声誉太盛，位高势重，不以物务自婴，遂相放效，风教陵迟，乃著崇有之论以释其蔽"云云。

八贤论

《世说新语》注引《中兴书》曰："谢万善属文，能谈论。""叙四隐四显，为八贤之论，谓渔父、屈原、季主、贾谊、楚老、龚胜、孙登、嵇康也。其旨以处者为优，出者为劣。孙绰难之，以谓体玄讥远者，（则）出处同归。"时以孙义为得。

纵横家考

刘陶

《魏志·钟会传》注引何劭《王弼传》曰："淮南人刘陶善论纵横，为当时所称。每与弼论，尝屈弼。"

王衍

《晋书》："泰始八年，诏举奇才可以安边者，衍初好论纵横之术，故尚书卢钦举为辽东太守。不就，于是口不论世事，唯雅咏玄虚而已。"

袁悦之

《晋书》："袁悦之，字元礼，陈郡阳夏人。""能长短说，甚有精理。始为谢玄参军，为玄所遇，丁忧去职。服阕还都，止赍《战国策》，言天下要惟此书。后甚为会稽王道子所亲爱，每劝道子专揽朝权，道子颇纳其说。俄而见诛。"

君子小人之辨

经籍中多言君子，亦多以君子与小人对举。盖所以题别人流，辨其贤否，因有是名。先儒释君子有二义：一为成德之名，一为在位之称。其与小人对举者，依前义，则小人为无德。依后义，则小人为细民。然古者必有德而后居位，故在位之称君子，亦从其德名之，非以其爵。由是言之，则君子者，唯是成德之名也。孔子曰："君子去仁，恶乎成名？"此其显证矣。仁者，心之本体，德之全称。"君子无终食之间违仁，造次必于是，颠沛必于是。"明君子体仁，其所存无间也。又曰："君子道者三，我无能焉。仁者不忧，智者不惑，勇者不惧。"此见君子必兼是三德。又曰："君子义以为质，礼以行之，孙以出之，信以成之，君子哉！"此言君子之制事，本于义而成于信，而行之则为礼、逊。逊即是礼。义为礼之质，礼又为逊之质。所存是义，行出来便是礼。礼之相便是逊。实有是质便谓之信。无是质便不能有此礼、逊，故曰"信以成之"也。义以为质，亦犹"仁以为体"，皆性德之符也。又曰："君子不器。"朱子云："器者，各适其用而不能相通。成德之士，体无不具，故用无不周，非特为一才一艺而已。"是知器者，智效一官，行效一能，德则充塞周遍，无有限量。《学记》亦言："大德不官。大道不器。"器因材异而德唯性成，故不同也。君子所以为君子，观于此亦可以明矣。然知德者鲜，故唯圣人能知圣人，唯君子能知君子。德行者，内外之名，行则人皆见之，德则唯是自证。言又比行为显，故曰："有德者必有言，有言者不必有德。""（昔）〔始〕吾于人也，听其言而信其行，今吾于人也，

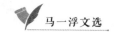

听其言而观其行。"如令尹子文之忠，陈文子之清，皆行之美者，而曰："焉得仁？"孟武伯问子路、冉有、公西华，皆曰："不知其仁。"原思问"克、伐、怨、欲不行焉"曰："可以为难矣，仁则吾不知也。"故虽有善行，不以仁许之。是有行者，未必有德也。"恶乡原，恐其乱德也。"乡原居之似忠信，行之似廉洁，非之无非，刺之无刺。观其行事，疑若有似乎君子，而孔子恶之，谓其乱德。此见君子之所以为成德者，乃在心术。行事显而易见，心术微而难知。若但就行事论人，鲜有不失之者矣。

既知君子所以为君子，然后君子、小人之辨乃可得而言。经传中言此者不可胜举，今唯据《论语》，以孔子之言为准。如曰："君子而不仁者有矣夫，未有小人而仁者也。"君子既"无终食之间违仁"，何以有时而不仁？此明性德之存，不容有须臾之间。禅家之言曰："暂时不在，如同死人。"此语甚精。一或有间，则唯恐失之，非谓君子果有不仁也。"未有小人而仁者也"，则是决定之词。小人唯知徇物，不知有性，通体是欲，安望其能仁哉？故知君子是仁，小人是不仁。"君子喻于义，小人喻于利。"喻义，故无适无莫，义之与比。喻利，故见害必避，见利必趋。故知君子是义，小人是不义。"君子上达"，循理，故日进乎高明。"小人下达"，从欲，故日究乎污下。故知君子是智，小人是不智。"君子泰而不骄"，由礼，故安舒。"小人骄而不泰"，逞欲，故矜肆。故知君子无非礼，而小人则无礼。夫不仁不智，无礼无义，则天下之恶皆归之矣。然君子、小人之分途，其根本在心术隐微之地，只是仁与不仁而已矣。必己私已尽，浑然天理，然后可以为仁。但有一毫有我之私，便是不仁，便不免为小人。参看《〈论语〉首末二章义》。仁者，廓然而大公，物来而顺应。反之，自私而用智，必流于不仁。"用智"之智，只是一种计较利害之心，全从私意出发，其深者为权谋术数。世俗以此为智，实则是惑而非智也。常人亦知有公私之辨，然公亦殊不易言。伊川曰："公只是仁之理，不可将公便唤做仁。公而以人体之，方是仁。"朱子曰："世有以公为心而惨刻不恤者，须公而有恻隐之心。此工夫却在人字上，惟公则能体之。只为公，则物我兼照，故仁。所以能恕，所以能爱，恕则仁之施，爱则仁之用也。恕之反面是忮，爱之反面是忍。君子之用心公以体人，故常恕人，常爱人。小人之用心私以便己，流于忮，流于忍。其与人也，"君子周而不比，小人比而不周"，周公而比私，故一则普遍，一则偏党。"君子和而不同，小人同而不和"，和故无乖戾，同则是偏党也。"君子成人之美，不成人之恶，小人反是"，一则与人为善，一则同恶相济也。"君子易事而难说，说之不以其道，不说也；及其使人也，器之。小人难事而易说也。说之虽不以道，说也；及其使人也，求备焉"，君子之心公而恕，小人之心私而刻也。"君子求诸己，小人求诸人"，君子唯务自反，而小人唯知责人也。"君子坦荡荡，小人长戚戚"，廓尔无私，故宽舒；动不以正，故忧杏也。综是以观，君子、小人之用心，其不同如此，充类以言之，只是仁与不仁，公与私之辨而已。

　　人苟非甚不肖，必不肯甘于为小人。然念虑之间，毫忽之际，一有不存，则徇物而忘己，见利而忘义者有之矣。心术，隐微之地，人所不及知。蔽之久者，习熟而不自知其非也。世间只有此二途，不入于此，则入于彼，其间更无中立之地。学者果能有志于六艺之学，当知此学即圣人之道，即君子之道，亟须在日用间，自家严密勘验，反复省察。一念为君子，一念亦即为小人，二者吾将何择？其或发见自己举心动念，有属于私者，便当用力克去。但此心义理若有未明，则昏而无觉。故必读书穷理，涵养用敬，进学致知。学进则理明，理明则私自克，久久私意自然不起，然后可以为君子，而免于为小人。此事合下便须用力，切不可只当一场话说。孔子曰："苟能一日用其力于仁矣乎？吾未见力不足者。"此语决不相瞒，望猛著精采，切勿泛泛听过。

说忠信笃敬

前在泰和得与诸君共讲论者数月，不谓流离转徙，今日尚得到此边地重复相聚，心里觉得是悲喜交集。所悲者，吾国家民族被夷狄侵陵到此地步，吾侪身受痛苦，心怵危亡，当思匹夫有责，将何以振此垂绝之绪，成此恢复之业，拯此不拔之苦，今实未能，焉能不悲？所喜者，虽同在颠沛之中，尚复有此缘会，从容讲论，得与诸君互相切磋，不可谓非幸。诸君感想谅亦同之。校长暨教授诸先生不以某为迂阔，仍于学校科目之外，约某继续自由讲论。此虽有似教外别传，却是诸法实相。圣贤血脉，人心根本。诸君勿仅目为古代传统思想，嫌其不合时代潮流。先须祛此成见，方有讨论处。

某向来所讲，谓一切学术皆统于六艺。六艺之本，即是吾人自心所具之义理。义理虽为人心所同具，不致思则不能得，故曰"学原于思"。要引入思惟，先须辨析名相。故先述六艺大旨，其后略说义理名相。欲指出一条路径，以为诸君致思穷理之助。但因时间有限，所讲至为简略，不能详尽。若能切己体究，或不无可以助发之处。否则只当一场话说，实无所益也。

大凡学术有个根原，得其根原才可以得其条理；得其条理才可以得其统类。然后原始要终，举本该末，以一御万，观其会通，明其宗极，昭然不惑，秩然不乱，六通四辟，小大精粗，其运无乎不备。孔子曰："吾道一以贯之。"《大学》所谓知本、知至，便是这个道理。知本是知其所从出，知至是知其所终极。华严家所谓"无不从此法界流，无不还归此法界"，与此同旨。所以说天下万事万物，不能外于六艺，六艺之道，不能外于自心。黄梨洲有一句话说得最好，曰："盈天地间皆心也。"由吾之说，亦可曰："盈天地间皆六艺也。"今日学子只知求知，以物为外，其结果为徇物忘己。圣贤之学乃以求道会物归己，其结果为成己成物。一则向外驰求，往而不反；一则归其有极，言不离宗。此实天地悬隔。学者要养成判断力，非从根原上入手不可。初机于此理凑泊不上，只为平日未尝治经。其有知治经者，又只为客观的考据之学，方法错误，不知反求自心之义理，终无入头处。吾今所言虽简，却是自己体验出来，决不相诳。望诸君著实体究，必有省发之时。一念回机，便同本得，方知此是诚谛之言，方不辜负自己，不辜负先圣，此是夷狄所不能侵，患难所不能入的。天地一日不毁，此心一日不亡，六艺之道亦一日不绝。人类如欲拔出黑暗而趋光明之途，舍此无由也。

某尝谓读书而不穷理，只是增长习气；察识而不涵养，只是用智自私。凡人心攀缘驰逐，意念纷飞，必至昏昧。以昏昧之心应事接物，动成差忒。守一曲之知，逞人我之见，其见于行事者，只是从习气私欲出来。若心能入理，便有主宰。义理为主，此心常存，无有放失，气即安定，安定则清明。涵养于未发以前，察识于事为之际，涵养愈深醇，则察识愈精密。见得道理明明白白，胸中更无余疑。一切计较利害之私自然消失，逢缘遇境，随处皆能自主，皆有受用。然后方可以济艰危，处患难，当大任，应大变，方可名为能立。能立才能行，学不至于能立，不足以为学。《学记》曰：古之学者，"九年知类通达，强立而不反，谓之大成"，"然后足以化民易俗"。故曰"己欲立而立人，己欲达而达人"。立以体言，达以用言。体立而后用有以行，未有不能立而能行者。己立己达是立身行己，立人达人是化民成俗。先体而后用，故先立而后达。浅言之，立只是见得义理端的，站得住，把得定，不倾侧，不放倒，不为习俗所动，不为境界所移。自己无有真实见地，只是随人起倒，一昧徇人，名为流俗。不能自拔于流俗者，不足与立。境界不

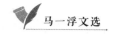

出顺逆二种，如富贵、贫贱、夷狄、患难、毁誉、得失、忧喜、苦乐，皆能移人。以仕宦夺志，以饥渴害志者，不足与立。程子曰："教学者如扶醉人，扶得东来西又倒。"此言最善形容不能立之病。到此田地，方可以言致用。"举而措之天下之民"，谓之事业，不是知识技能边事可以当得的。如今一般为学方法，只知向外求事物上之知识，不知向内求自心之义理。不能明体，焉能达用？侈谈立国而罔顾立身，不知天下国家之本在身，身尚不能立，安能立国？今谓欲言立国，先须立身，欲言致用，先须明体。体者何？自心本具之义理是也。义理何由明？求之六艺乃可明。六艺之道不是空言，须求实践。实践如何做起？要学者知道自己求端致力之方，只能将圣人吃紧为人处尽力拈提出来，使合下便可用力。

今举《论语》"子张问行"一章，示一最切近之例。

子张问行，子曰："言忠信，行笃敬，虽蛮貊之邦，行矣。言不忠信，行不笃敬，虽州里，行乎哉？立则见其参于前也。在舆则见其倚于衡也，夫然后行。"子张书诸绅。

子张问行与问达一般，是无往不宜之意。犹今言适应环境也。蛮貊是异俗，无礼义，难与为缘，而默化足以消其犷戾。州里是近习，情本易合，而失道亦足以致其乖离。故"中孚"则"信及豚鱼"。豚鱼比蛮貊尤远。不仁则道不行于妻子。妻子比州里尤近。行有不得，反求诸己，乃为君子之道。学者当知子张问的是行，而孔子告之以立。换言之，即是子张问的是用处施设，孔子答以体上功夫。子张病在务外为人，孔子教他向里求己。有人问程子"如何是所过者化"，程子曰："汝且理会所存者神。"此与孔子答子张同旨。

如今欲问如何立国致用，则告之曰："汝且立身行己"。立身行己之道，即从"言忠信，行笃敬"做起。言行是日用不离的，忠信笃敬是功夫，亦即是本体。忠是恳切深挚，信是真实不欺，笃是厚重不轻忽，敬是收敛不放肆。《易》象曰："风自火出，家人，君子以言有物而行有恒。"火炽则风生。"风自火出",自内而外之象。"言出乎身,加乎民;行发乎迩,及乎远",自内而外也。有物谓充实不虚,有恒谓法则有常。义理是心之存主处,言行是用之发动处,亦自内而外也。所存者是忠信,发出来为忠信之言;所存者是笃敬,发出来为笃敬之行。诚中形外,体用不违。圣人之言该本末,尽内外,彻上彻下只是一贯。世亦有矫饰其言行貌为忠信笃敬者,只是无物无恒,可以欺众人,不可以欺君子。此诚伪之辨。言不忠信,便是无物。行不笃敬,便是无恒。圣人以天下为一家,中国为一人,《家人》之象也。始于立国,终于化成,天下须从一身之言行做起。这便是立身行己最切要的功夫,人人合下可以用力。从自己心体上将义理显发出来,除去病痛,才可以为立身之根本;知道立身,才可以为立国之根本。一切学术以此为基,六艺之道即从此人。

理气　形而上之意义　　义理名相一

今欲治六艺，以义理为主。义理本人心所同具，然非有悟证，不能显现。悟证不是一时可能，根器有利钝，用力有深浅。但知向内体究，不可一向专恃闻见，久久必可得之。体究如何下手？先要入思惟。体是反之自身之谓，究是穷尽其所以然之称。亦云体认，认即审谛之意。或言察识，或言体会，并同。所以引入思惟，则赖名言。名言是能诠，义理是所诠。诠表之用，在明其相状，故曰名相。名相即是言象道理。譬如一个人，名是这个人的名字，相即状貌。譬如其人之照相，如未识此人以前，举其名字，看他照相，可得其彷佛。及亲见此人，照相便用不着，以人之状态是活的，决非一个或多个之照相所能尽。且人毕竟不是名字，不可将名字当作人。识得此人，便不必定要记他名字也。故庄子云："得言忘象，得意忘言。"《易》传曰："书不尽言，言不尽意。"老子曰："道可道，非常道。名可名，非常名。"皆是此意。得是要自得之。如今所讲，也只是名字和照相。诸君将来深造自得，才是亲识此人。不特其状貌一望而知，并其气质性情都全明了。那时这些言语也用不着。魏晋间人好谈老庄，时称为善名理。其实即是谈名相。因为所言之理只是理之相，若理之本体，即性，是要自证的，非言说可到。程子云："才说性时，便已不是性了。"可以说出来的，也只是名相。故佛氏每以性、相对举，先是依性说相，后要会相归性。这是对的。佛氏有破相显性宗（据圭峰禅源诠所判），儒者不须用此。如老子便是破相，孔子唯是显性而不破相，在佛氏唯圆教实义足以当之，简易又过佛氏。要学者引入思惟，不能离名相。故今取六艺中名相关于义理最要而为学者致知所当先务者，举要言之，使可逐渐体会，庶几有入。

　　《易》为六艺之原，《十翼》是孔子所作。一切义理之所从出，亦为一切义理之所宗归。今说义理名相，先求诸《易》。易有三义：一变易，二不易，三简易。学者当知，气是变易，理是不易。全气是理，全理是气，即是简易。此是某楷定之义，先儒释三义未曾如此说。然颇简要明白，善会者自能得之。只明变易，易堕断见。只明不易，易堕常见。须知变易元是不易，不易即在变易，双离断常二见，名为正见，此即简易也。"易简而天下之理得矣，天下之理得，而成位乎其中矣。""圣人之作《易》也，将以顺性命之理。"此用理字之始。"精气为物，游魂为变。"魂亦是气。"同声相应，同气相求。"声亦是气。此用气字之始。故言理、气皆原于孔子。"形而上者谓之道，形而下者谓之器"，道即言乎理之常在者，器即言乎气之凝成者也。《乾凿度》曰："太易者，未见气也。太初者，气之始也。太素者，质之始也。太始者，形之始也。"言气质始此。此言有形必有质，有质必有气，有气必有理。未见气，即是理。犹程子所谓"冲漠无朕"。理气未分，可说是纯乎理，然非是无气，只是未见。故程子曰："万象森然已具。"理本是寂然的，及动而后始见气，故曰气之始。气何以始？始于动，动而后能见也。动由细而渐粗，从微而至著。故由气而质，由质而形。"形而上"者，即从粗以推至细，从可见者以推至不可见者，逐节推上去，即知气未见时纯是理，气见而理即行乎其中。故曰："体用一原，显微无间。"不是元初有此两个物事相对出来也。邵康节云："流行是气，主宰是理。"不善会者，每以理气为二元。不知动静无端，阴阳无始，理气同时而具，本无先后，因言说乃有先后。两字不能同时并说。就其流行之用而言谓之气，就其所以为流行之体而言谓之理。用显而体微，言说可分，实际不可分也。

　　"形而下"是逐节推下去。"有天地然后有万物，有万物然后有男

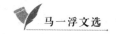

女。""物生而后有象，象而后有滋，滋而后有数。""见乃谓之象，形乃谓之器。""天尊地卑，乾坤定矣。卑高以陈，贵贱位矣。动静有常，刚柔断矣。方以类聚，物以群分，吉凶生矣。在天成象，在地成形，变化见矣。"这一串都是从上说下来，世界由此安立，万事由此形成，而皆一理之所寓也。故曰："天地设位，而《易》行乎其中矣。""乾坤成列，而《易》立乎其中矣。"立字即是位字。古文位只作立。"乾坤毁，则无以见《易》。《易》不可见，则乾坤或几乎息矣。""法象莫大乎天地。"此言"天地设位"，"乾坤成列"，皆气见以后之事，而《易》"行乎其中""位乎其中"则理也。"乾坤毁，则无以见《易》"，离气则无以见理。"《易》不可见，则乾坤或几乎息矣"，若无此理，则气亦不存。"易有太极，是生两仪，两仪生四象，四象生八卦"，故曰："生生之谓易。"生之理是无穷的。太极未形以前，"冲漠无朕"，可说气在理中。太极既形以后，"万象森然"，可说理在气中，"四时行，百物生"，"逝者如斯夫，不舍昼夜"，天地之大化，默运潜移，是不息不已的，此所谓"《易》行乎其中"也。此理不堕声色，不落数量，然是实有，不是虚无，但可冥符默证，难以显说。须是时时体认，若有悟入，则触处全真。鸢飞鱼跃，莫非此理之流行，真是活泼泼地，今拈出三易之义，略示体段。若能善会，亦可思过半矣。

或问：既曰气始于动，何以又言动静无端？阴阳无始？答：一以从体起用言之，故曰有始；一以摄用归体言之，故曰无始。此须看《太极图说》朱子注可明。周子曰："太极动而生阳，动极而静，静而生阴，静极复动。一动一静，互为其根。分阴分阳，两仪立焉。"朱子注曰："太极者，本然之妙也。动静者，所乘之机也。自其著者而观之，则动静不同时，阴阳不同位，而太极无不在焉。自其微者而观之，则冲漠无朕，而动静阴阳之理已悉具于其中矣。虽然，推之于前而不见其始之合，引之于后而不见其终之离也。"故程子曰："动静无端，阴阳无始。非知道者孰能识之。"又曰："一动一静，循环无端。无静不成动，无动不成静。譬如鼻息无时不嘘，无时不吸，嘘尽则生吸，吸尽则生嘘。理自如此。"又曰："阴阳有个流行底，一动一静，互为其根，寒暑往来是也。有个定位底，分阴分阳，两仪立焉，天地四方是也。"学者仔细体会，可以自得。老子亦言"无名，天地之始；有名，万物之母"，此有始之说也；"迎之不见其首，随之不见其后"，此无始之说也。

知能 义理名相二

人受天地之中以生，凡属有心，自然皆具知能二事。孟子曰："人之所不学而能者，其良能也；所不虑而知者，其良知也。"其言知、能，实本孔子《易传》。在《易传》谓之易简，在《孟子》谓之良。就其理之本然则谓之良，就其理气合一则谓之易简，故孟子之言是直指，而孔子之言是全提。何谓全提？即体用、本末、隐显、内外，举一全该，圆满周遍，更无渗漏是也。盖单提直指，不由思学，虑即是思。不善会者便成执性废修。全提云者，乃明性修不二，全性起修，全修在性，方是简易之教。"性修不二"是佛氏言，以其与"理气合一"之旨可以相发，故引之。性以理言，修以气言。知本乎性，能主乎修。性唯是理，修即行事。故知行合一，即性修不二，亦即理事双融，亦即"全理是气，全气是理"也。《易·系辞传》曰："乾知大始，本来自具，故曰大始。坤作成物。成辨万事，故曰成物。乾以易知，坤以简能。易则易知，简则易从。易知则有亲，易从则有功。有亲则可久，有功则可大。可久则贤人之德。可大则贤人之业。此言"易知"即"仁远乎哉！我欲仁，斯仁至矣"之意，"易从"即是"先立乎其大者，而其小者不能夺也"之意。"云从龙，风从虎。圣人作而万物睹"，"从"之为言气从乎理也。佛氏谓之随顺法性。横渠《正蒙》云："德胜其气则性命于德。德不胜其气则性命于气。"横渠所谓"命于德"即是理为主，"命于气"即是气为主。气从乎理，即性命于德矣。横渠此处用性字，系兼气质言之。又禅师家有"物从心为正，心逐物为邪"二语，亦甚的当，与横渠之言相似。知是本于理性所现起之观照，自觉自证境界，亦名为见地。能是随其才质发见于事为之著者，属行履边事，亦名为行。故知能即是知行之异名，行是就其施于事者而言，能是据其根于才质而言。"易知则有亲"者，此"知"若是从闻见得来，总不亲切，不亲切便不是真知；是自己证悟的方是亲切，方是真知。"易从则有功"者，此"能"若是矫揉造作，随人模仿的，无功用可言；必是自己卓然有立，与理相应，不随人转，方有功用。"有亲则可久"者，唯见得亲切，不复走作，不是日月一至，故可久。"有功则可大"者，动必与理相应，其益无方，自然扩充得去，不限一隅一曲，故可大。理得于心而不失谓之德，发于事为而有成谓之业。知至是德，成能是业也。天地设位，圣人成能，能之诣极即功用之至神矣。言贤人者，明是因地。从性起修，举理成事，全修在性，即事是理。故曰："易简而天下之理得矣。夫乾确然，示人易矣。确然是言其健。夫坤聩然，示人简矣。聩然是言其顺。""天下之动，贞夫一者也。"全理即气，全气即理，斯"贞夫一"矣，乃所以为易简也。故曰孔子之言是全提也。"知至至之，可与几也"，致知而有亲也。"知终终之，可与存义也"，力行而有功也。"始条理者，智之事"，明伦察物尽知也。"终条理者，圣之事"，践形尽性尽能也。

圣人之学，亦尽其知能而已矣。说"知"莫大于《易传》，"仰以观于天文，俯以察于地理，是故知幽明之故。原始反终，故知死生之说。精气为物，游魂为变，是故知鬼神之情状"，"通乎昼夜之道而知"，"知变化之道者，其知神之所为乎"，"穷神知化，德之盛也"，"知几其神乎"，"君子知微知彰，知柔知刚，万夫之望"，由此可见圣人所知是何等事。说"能"莫大乎《中庸》，"唯天下至诚，为能尽其性。能尽其性，则能尽人之性。能尽人之性，则能尽物之性。能尽物之性，则可以赞天地之化育"。"唯天下至诚为能化。""唯天下至诚，为能经纶天下之大经，立天下之大本，知天地之化育，夫焉有所倚。"由此可见圣人所能是

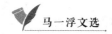

何等事。学者当思圣人所知如此其至，今我何为不知？必如圣人之知，而后可谓尽其知。圣人所能如此其大，今我何为不能？必如圣人之能，而后可谓尽其能。思知人，不可以不知天道不远人，人之为道而远人，不可以为道。"为仁由己，而由人乎哉！"言其亲也。"自诚明谓之性"，"易则易知"也。"其次致曲，曲能有诚，诚则形，形则著，著则明，明则动，动则变，变则化"，言其功也。"自明诚谓之教"，"简则易从"也。"有是气必有是理，有是理必有是气"，"万物皆备于我矣。反身而诚，乐莫大焉"，易简之至也。

学问之道，亦尽其知能而已矣。"博学、审问、慎思、明辨、笃行，弗能弗措，弗知弗措，弗得弗措，弗明弗措，弗笃弗措"，"人一能之，己百之；人十能之，己千之"，尽知尽能之术也。尽其知能，可期于盛德大业矣。"盛德大业至矣哉"，日新之谓盛德，富有之谓大业。"学有缉熙于光明"，斯日新矣。六通四辟，小大精粗，其用无乎不备，斯富有矣。世有诋心性为空谈，视义理为无用，守闻见之知，得少为足而沾沾自喜者，不足以进于知也。其或小有器能，便以功业自居，动色相矜，如此者，不足以进于能也。庄子曰："由天地之道观惠施之能，其犹一蚊一虻之劳者也。"禅师家有德山曰："穷诸玄辩，若一毫置于太虚。竭世枢机，犹一滴投于巨海。"有志于进德修业者，观乎此亦可以知所向矣。

　　告子言"生之谓性"，佛氏言作用是性，皆只在气上说。孟子指出四端，乃是即理之气，所以为易简。今人亦言直觉，若有近于良知；言本能，若有近于良能。然直觉是盲目的，唯动于气，良知则自然有分别。本能乃是气之粗者，如"饮食""男女"之类，亦唯是属气。良能则有理行乎其间，如"未有学养子而嫁""徐行后长"之类，乃是即气之理。此须料简。若但以知觉运动言知能，其间未有理在，则失之远矣。

说视听言动　续义理名相一

前举颜子问仁，孔予告以"克已复礼为仁"，及请问其目，便告以非礼勿视、听、言、动，别无余事。可见视听言动皆礼，即是仁，不须更觅一个仁。因为仁是性德之全，礼即其中之分理。此理行乎气中，无乎不在，人秉是气而能视听言动，亦即秉是理以为视听言动之则。循此理即是仁，违此理即是不仁。《诗》曰："天生烝民，有物有则，民之秉彝，好是懿德。"礼也者，理也，则也。所以有此礼者，仁也。具此德者，性也。性德之所寓者，气也，即此视听言动四者是也。穷理即是尽性之事，尽性即是践形之事。孟子曰："形色，天性也。唯圣人而后可以践形。"何谓形色？气之凝成者为形，其变现为色。此犹佛氏所谓法相也。根、身、器、界是形，生、灭、成、坏诸相是色。佛氏以质碍为色，乃当此所谓形。此言色者，乃当彼所谓相，非色心二法之色。又此言形亦当彼所谓法，广为事物之总名，约则一身之形体。又形犹今言实质，色犹今言现象。何谓天性？就其普遍言之曰天，就其恒常言之曰性。又不假人为曰天，本来自曰性，即《诗》所谓"秉彝"也。践，朱子曰："如践言之践。"俗言步步踏着之意。心外无法，故言形色天性，会相归性，故言践形。换言之，即是于气中见得理，于变易中见得不易，于现象中见得本体。步步踏着这个道理而无失，谓之践。何以不曰"践性"而曰"践形"？全体起用，摄用归体，在体上只能说"尽"，在用上始能说"践"。惟尽其理而无亏，始能全其用而无歉也。视听言动，气也，形色也，用之发也。礼者，理也，天性也，体之充也。发用而不当则为非礼，违性亏体而其用不

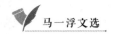

全；发用而当则为礼，顺性合体而其用始备。故谓视听言动皆礼，为践形之事也。以理率气，则此四者皆天理之流行，莫非仁也；徇物忘理，则此四者皆私欲之冲动，而为不仁矣。

《洪范》五事曰视、听、言、貌、思。今言视听言动而不及"思"，何也？心之官主思，四事皆统于一心，故思贯四事。知其礼与非礼孰为之乎？思也。故略思而言四事，思在其中矣。或言动，或言行，或言貌，何也？发于心则谓之动，形于事则谓之行，见于威仪四体则谓之貌。行、动浑言不别，析言则别。群经多言、行对举，言行即言动也，在《易》亦谓之云为。貌，则以行动之现于外者言之，故举貌可以该行动，行动必有貌也。犹今言态度。"君子有九思：视思明，听思聪，色思温，貌思恭，言思忠，事思敬，疑思问，忿思难，见得思义。"此亦因地之事，从四事开而为九，于貌之中又析为色。此谓颜色，与形色之色不同。彼是广义，此是狭义。朱子曰："色，见于面者。貌，举身而言。"魏晋间人每称人终身不见有喜愠之色，此可谓"色思温"矣。疑、忿发于心之微，见得关于事之著，此并属行动，故言"四事"亦可以摄"九思"。曾子之告孟敬子曰："君子所贵乎道者三：动容貌，斯远暴慢矣；暴，粗厉也。慢，放肆也。《朱子语类》曰："如狠戾固是暴，稍不温恭亦是暴。倨肆固是慢，稍或怠缓亦是慢。正颜色，斯近信矣；信者，实也。此言持养久熟，表里如一而非色庄也。色庄者，色取仁而行违。《朱子语类》，问："'正'〔者〕是著力之辞否？"曰："亦著力不得，若不到近实处，正其颜色，（只是）〔但见〕作伪而已。"出辞气，斯远鄙倍矣。"鄙是浅陋，倍是背理。曾子一生所学本领在此。亦可与四事互勘。盖辞气属言，容貌颜色亦摄视听行动，暴慢鄙倍即是非礼，信即是礼也。七十子中惟颜、曾独得其传，学者观于此，可知圣贤之道，其事甚近也。

群经中赞圣人之德者多言"聪明"。如《易》曰："古之聪明睿知，神武而不杀者夫。"《书》曰："明四目，达四聪。""宣聪明，作元后。"《中庸》曰："聪明睿智，足以有临也。"盖聪明是耳目之大用，睿智是心之大用，此犹佛氏之言四智矣。转八识成大圆镜智，转七识成平等性智，转六识成妙观察智，转五识成成所作智。其言智者，即性也。其言识者，即情也。故谓"转识成智"即是"性其情"，亦即是"克己复礼"也。聪明属成所作智，睿智可摄余三。孔子见温伯雪子而不言，曰："若夫人者，目击而道存矣。"《庄子·田子方篇》。又自称"六十而耳顺"。《中庸》曰："'鸢飞戾天，鱼跃于渊'，言其上下察也。"程子谓此是子思吃紧为人处。活泼泼地于此会得，方可于费中见隐。此理昭著，更无壅隔，乃可谓视极其明，听极其聪，而视听之理得矣。

群经中表圣人之业者，多举言行。如："言而民莫不信，行而民莫不悦。""言出乎身，加乎民；行发乎迩，及乎远。""言行，君子之所以动天地也。""（言）〔行〕而世为天下法，（行）〔言〕而世为天下则。"此言行之至也。又圣人语默一致，动静一如，"尸居而龙见，渊默而雷声"，不言而信，无为而成，故有不言之教，无为之化。虽终日言，未尝言，故"言满天下无口过"。虽酬酢万变而"行其所无事"，故"行满天下无（辙迹）〔怨恶〕"，无言而无弗言也，无为而无弗为也。此见德化之盛，妙应之神，有非言思拟议所能及者矣。孔子尝谓："予欲无言。""天何言哉？四时行，百物生。"又曰："无为而治者其舜也与？恭己正南面而已矣。夫何为哉？"故言极无言，行极无为，而后言行之理无弗得也。

学者当知人与物接，皆由视听。见色闻声，有外境现，心能揽境，境不自生。色尽声消，而见闻之理自在。常人只是逐色寻声，将谓为物。而不知离此见闻，物于何在，此见闻者从何而来，不见不闻之时复是何物，当名何等。须知有不见之见、不闻之闻、声色乃是无常，而见闻则非断灭。此是何理？人心本寂而常照，照用之发乃有变化云为，形起名兴，随感斯应，故曰："言行，君子之枢

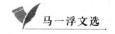

机。"虚而不穷，动而愈出，运之者谁邪？或默或语，或出或处，法本从缘，莫非道也。故佛种寄之尘劳，基命始于宥密，有为为应迹之谈，忘言乃得意之契，不言不动时正好领取。一言以为智，一言以为不智，吉凶悔吝生乎动，吉一而已，可不慎哉！古人喻如暗中书字，文彩己彰，飞鸟凌空，踪影不逝。此虽玄言而是实理，好学深思必能自得。

由此观之，圣人所以成就德业，学者所以尽其知能，皆不离此视听言动四事。奈"百姓日用而不知"，遂使性具之德隐而不见。孟子曰："行矣而不著，习矣而不察，终身由之而不知其道者，众也。"思之。

居敬与知言　续义理名相二

　　《曲礼》曰："毋不敬，俨若思，安定辞，安民哉。"先儒尝谓："礼仪三百，威仪三千"，一言以蔽之，曰"毋不敬"。礼以敬为本。《说文》忠、敬互训，故曰："忠信之人，可以学礼。"无时不敬，则无往而非礼。忠信存乎中，其见于容貌者必庄肃，其见于言语者必安定，如是乃可以莅众而立事，故曰"安民哉"。仲弓问仁，子曰："出门如见大宾，使民如承大祭。"或问程子曰："未出门、未使民时如何？"程子曰："此'俨若思'，时也。"仲弓宽弘简重，盖得力于居敬之功甚深，故曰："雍也，可使南面。"如子桑伯子便失之于简。仲弓之言曰："居敬而行简，以临其民，不亦可乎？居简而行简，无乃大简乎？"汉初除秦苛法，文帝好黄老之术，即似子桑伯子，不久而宣帝复任刑名。魏晋玄言家或任诞去礼，或清谈废务，即是居简行简之失。此事且置。学者当知"毋不敬"实为万事根本。《虞书》赞尧之德曰："钦明文思安安。"钦即敬也，钦而后能明，明谓理无不照。"文思"即是文理密察，谓事无不辨。舜之"察于人伦，明于庶物"，约言之，即"文思"，亦曰"浚哲文明"。"文明"二字始此。此言文者，即谓伦物也。"钦明"是照体，"文思"是妙用，体用备矣。"安定"是"行其所无事"之貌。理事双融，从容中道，自然虚融恬静，触处无碍，此圣人果德之相也。若在因地，即"毋不敬"三语所摄。盖敬则自然虚静，故能思。深思者，其容寂，故曰"俨若思"也。敬则自然和乐，故能安。气定者，其辞缓，故曰"安定辞"也。以佛氏之理言之：在果地，谓之三轮清净；在因地，谓之

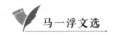

三业清净。三者何？身、口、意也。儒者双提言行，即该三业。政者，正也。未有己不正而能正人者。如欲安人，先须修己。故"为政以德"即是"修己以敬"也。富哉言乎！未有三业不修而能安人者也。《系辞传》曰："君子安其身而后动，易其心而后语，定其交而后求。君子修此三者，故全也。危以动，则民不与也。惧以语，则民不应也。无交而求，则民不与也。莫之与，则伤之者至矣。《易》曰：'莫益之，或击之，立心勿恒，凶。'"《益》上九爻辞。王辅嗣注云："虚己存诚，则众之所不迕。躁以有求，则物之所不欲也。"故兼明二业，则以敬为主；并举言行，则以言为先。《乾·文言》曰："君子进德修业。忠信所以进德也。修辞立其诚，所以居业也。"《韩诗外传》曰："忠易为礼，诚易为辞。"曰忠曰敬，曰诚曰信，一也。在心为德，出口曰言，不可伪为，不容矫饰。孔子曰："君子名之必可言也，言之必可行也。君子于其言，无所苟而已矣。"名必有实，无其实而为之名则妄也。妄言苟言，是谓不忠不信，是谓无物，是谓非礼。"言语之美，穆穆皇皇。"穆穆，敬也。皇皇，大也。无妄之谓敬，充实之谓大，斯为有德之言。若巧辞便说，虚诞浮夸，则其中之所存者可知也。故敬肆之辨，亦即是小大之辨。鹦鹉能言，不离飞鸟。猩猩能言，不离走兽。彼亦言也，效人之言而无其实。不由中出而务以悦人，何以异是？《论语》末章曰："不知礼，无以立也。不知言，无以知人也。"故知礼而后能知言，己立而后能知人。程子曰："涵养须用敬，进学则在致知。"又曰："未有致知而不在敬者。"知言知人，致知之事也。今曰"未有知言而不在敬"者，孟子曰："我知言，我善养吾浩然之气。"孟子所谓养气，乃是居敬之极功。谢上蔡曰："浩然之气须于心得其正时识取。"又曰："浩然是无亏欠时。"此语体认得最真。故曰："其为气也，配义与道；无是，馁也。""行有不慊于心，则馁矣。"馁则气歉而小。言为心声，气之发也。"志至焉，气次焉"，故言必与气相应，气必与心相应。不得于言，勿求于心，不可。心体无亏失，斯其言无亏失；言语之病，即心志之病也。敬贯动静、该万事，何独于言？明之以存养之功，其浅深、疏密、得失、有无发于言语者，尤为近而易验，显而易知也。

《论语》中举言语之病为圣人所恶者有四种：一曰巧。如"巧言令色，鲜矣仁"，朱子曰"言致饰于外，务以悦人，则人欲肆而本心之德亡矣"，《诗》曰"巧言如簧，颜之厚矣"是也。二曰佞。如言佞者"御人以口给，屡憎于人"，"焉用佞"，"是故恶夫佞者"，"远佞人"是也。三曰谚。谚，粗鄙也。如曰"由也谚"，又曰"野哉，由也"，《书·无逸》曰"相小人，厥父母勤劳稼穑，厥子乃不知稼穑之艰难，乃逸乃谚，既诞，否则侮厥父母，曰'昔之人无闻知'"，此是周公戒成王之言，盖谚斯诞，诞斯侮，侮父母、侮圣人之言一也。四曰讦。如曰"恶讦以为直者"，"好直不好学，其蔽也绞"，"直而无礼则绞"是也。绞，急切也。讦，谓攻发人之阴私。《朱子语类》曰："绞如绳两头绞得紧，都不宽舒。"《易·系辞》曰："将叛者，其辞惭；中心疑者，其辞枝；吉人之辞寡；躁人之辞多；诬善之人，其辞游；失其守者，其辞屈。"此中除吉人一类，其余皆为心术之病。

孟子约心言之病为四，尤简而能该。如曰："诐辞知其所蔽，淫辞知其所陷，邪辞知其所离，遁辞知其所穷。诐谓偏诐，淫谓放荡，邪谓邪僻，遁谓逃避。蔽谓障隔，陷谓沉溺，离谓离畔，穷谓困屈。生于其心，害于其政；发于其政，害于其事。圣人复起，必从吾言矣。"其言之决定如此。程子曰："心通乎道，然后能辨是非。如持权衡以较轻重，孟子所谓知言是也。"诐、淫、邪、遁为言病，蔽、陷、离、穷为心病。朱子曰："人之有言，皆本于心。其心明乎正理而无蔽，然后其言平正通达而无病。苟为不然，则必有是四者之病矣。即其言之病，而知其心之失，又知其害于政事之决然而不可易者如此。非心通于道而无疑于天下之理，其孰能

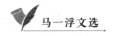

之？”

　　《大戴礼·曾子立事篇》曰：“目者，心之符也；今本作
“浮”。据《韩诗外传》引作“符”，是。言者，行之指也，作于
中则播于外也。故曰：以其见者占其隐者。”“听其言也，可以知
其所好矣。观说之流，可以知其术也。”流犹言类别。术，心术
也。又《曾子疾病篇》曰：“言不远身，言之主也；行不远身，行
之本也。言有主，行有本，谓之有闻矣。”主、本者何也？一于敬
而已矣。程子曰：“敬是体信达顺之道，聪明睿智皆由是出。”朱
子曰：“人所以不聪不明，只缘身心惰慢，气便昏塞了。敬则虚
静，自然通达。”又曰：“此心才不专静，则奸声佞辞杂进而不
察，何以为聪？乱色谀容交蔽而莫辨，何以为明？心既无主，则应
事接物之间，何以思虑而得其理？”所以此心常要肃然虚明，然后
物不能蔽。故谓“知言”“知人”，皆“聪明睿智”之效；而不敬
则不能得也。敬之该贯四事，于此可见。学者能于《曲礼》四句切
己体会，则于当名辨物、正言断辞之道亦思过半矣。过此以往，所
以为“聪明睿智”“体信达顺”之功亦必在于是也。

涵养致知与止观　续义理名相三

大凡立教，皆是不得已之事。人人自性本来具足，但为习气缠缚，遂至汨没，不得透露。所以从上圣贤，只是教人识取自性，从习气中解放出来。习气廓落，自性元无欠少，除得一分习气，便显得一分自性。上根之人，一闻千悟，拨着便转，触着便行，直下承当，何等骏快，岂待多言？但上根难遇，中根最多，故孔子曰："中人以上，可以语上也；中人以下，不可以语上也。"佛氏亦有三乘顿、渐，教启多门，令其得人，皆是曲为今时广垂方便，所谓"为慈悲之故，有入草之谈"也。先儒以《乾》为圣人之学，《坤》为贤人之学，即表顿渐、权实。以佛法准之，于《易·乾》表真如门，《坤》表生灭门。所言学者，即生灭门中之觉义也。《起信论》"一心二门"与横渠"心统性情"之说相似。《通书》曰："诚无为，几善恶。"诚即真如，几即生灭。善恶者，即觉与不觉二相也。儒者示教之言亦有顿渐。如《通书》曰："学圣人有要乎？曰有，一而已。一者何？无欲也。无欲则静虚动直，静虚则明，动直则公。明通公溥，庶矣乎。"此顿教之旨也。伊川曰："涵养须用敬，进学则在致知。"又曰："未有致知而不在敬者。"此渐教之旨也。又如明道《答横渠书》曰："所谓定者，动亦定，静亦定，无将迎，无内外。"此顿教之旨也。横渠则曰："言有教，动有法，昼有为，宵有得，息有养，瞬有存。"此渐教之旨也。濂溪、明道天资高，其言皆为接上根，若中根便凑泊不上。伊川、横渠功夫密，其言普被群机，上根亦莫能外，中根可跂而及。故朱子晚年每举伊川"涵养须用敬，进学则在致和"二语以

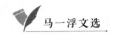

教学者。黄勉斋作《朱子行状》，约朱子一生之学为三言，曰："居敬以立其体，穷理以致其知，反躬以践其实。"而敬也者，所以成始而成终也。程、朱自己得力在此，其教人用力亦在此。今日学子若自甘暴弃，拨无圣贤，则亦已矣。如其犹知有自性，犹知有圣贤为己之学，则亟须用力体究，下得一分功夫，自有一分效验。孔子曰："谁能出不由户，何莫由斯道也。"禅师家有赵州谂尝告学者曰："汝若真知用力，三年五载不间断而犹不悟者，割取老僧头去。"看他古人以此为一大事，念兹在兹，不肯放舍，所以能有成就。今人全不以此为事，并心外营，如游骑无归，自家一个身心尚奈何不下，如何能了得天下事？平常日用都从习气私欲中出发，互相熏染，辗转增上，计执益深，卒难自拔，不待夷狄侵陵而吾圣智之法已荡然无存矣。故在外之夷狄当攘，尽人皆知；而吾自心之夷狄不攘，终无以为安身立命之地。何谓自心之夷狄？凡习气之足为心害者皆是也。何以胜之？曰：敬而已矣。"未有致知而不在敬者"，惟从涵养得来，则知为心德，为正知。庄予所谓"以恬养知"亦是。否则只是寻声逐响，徇物之知，或反为心害，此知乃是习气也。

《坤》六二"直方大，不习，无不利"，象曰："六二之动，直以方也。"文言曰："直其正也，方其义也。君子敬以直内，义以方外，敬义立而德不孤。'直方大，不习，无不利'，则不疑其所行也。"主敬集义，涵养致知，直内方外，亦如车两轮，如鸟两翼，用则有二，体唯是一。"敬义立而德不孤"者，言其相随而至，互为因借，决无只翼单轮各自为用者。故谓伊川此言略如天台所立止观法门，主敬是止，致知是观。彼之止观双运，即是定慧兼修，非止不能得定，非观不能发慧。然观必先止，慧必由定，亦如此言涵养始能致知，直内乃可方外，言虽先后，道则俱行。虽彼法所明事相与儒者不同，而其功夫涂辙理无有二。比而论之，实有可以互相助发之处，故今略言之。

梵语奢摩他，此翻云"止"，即定之异名，寂静义也。心不妄缘，安住净觉，不取诸相，便能内发轻安，一切义理于中显现。如镜中像，影像历然，镜体不动，此名定相。梵语三摩钵提，亦云三摩地，此翻等持。又名毗婆舍那，此翻正见，即观义也。观以照了为义，双离昏掉曰等，专注不散曰持。能观之智性清净，故所观之境悉皆谛实，决定不疑，名之曰慧，亦名正见。梵语禅那，此翻静虑。静即是止，虑即是观。即虑而静，故非散动；即静而虑，故非无记。是为止观双运、定慧平等之相，亦名为舍。涅槃三相曰定、慧、舍。梵语为优毕叉。绝待双融，故名舍矣。

右约大乘诸经论通说三种观门，明止观所从出。天台智者大师依《法华》《般若》诸经，大乘《中观》等论，所立别有三止、三观之目。三止者，一体真止；谓了妄即真故。二方便随缘止，谓历诸缘境，安心不动故。三离二边分别止。谓生死、涅槃、有无之相等无有异故。三观者，一空观，谓观一切法毕竟空寂故。二假观，谓诸法虽空而不碍幻有，权假施设，一切具足故。三中观。谓双非双即，圆融绝待故。具此三观，当明三谛。三谛者，一真谛，二俗谛，三中道第一义谛是也。真谛泯绝无寄，俗谛万法历然，第一义谛真俗双融，于法自在，方为究竟。彼教经论浩博，今不具举，特欲借彼明此，约而言之。即此亦可窥其大略矣。

学者当知人心之病，莫甚于昏散。《易》所谓"憧憧往来，朋从尔思"，起灭不停，若非乱想，即堕无记。《楞严》所谓"聚缘内摇，趣外奔逸，昏扰扰相，以为心性"者是也。散心观理，其理不明，如水混浊，如镜蒙垢，影像不现。故智照之体，必于定心中求之。先儒尝谓敬是常惺惺法，今谓敬亦是常寂寂法，惟其常寂，所以常惺。寂故不散，惺故不昏，当体清明，义理昭著，然后天下之至赜者始可得而理也。天下之至动者始可得而正也。无无止之观，无无定之慧，若其有之，必非正观，必为狂慧。故曰："未有致知而不在敬者。"敬实双该止、观二法，由此可知。盖心体本

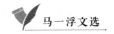

寂而常照，以动乱故昧；惟敬则动乱止息，而复其本然之明。敬只是于一切时都摄六根住于正念，绝诸驰求劳虑。唯缘义理，即为正念。敬以直内言，无诸委曲相也。常人以拘迫矜持为敬，其可久邪？又玄奘译《百法明门论》，分心所有法为五位，第二别境五法：一欲，二胜解，三念，四三么地，五慧。三、四是敬摄，二、五是知摄。别境者，言历别缘境而生，对遍行说也。所缘之境有四，谓所乐境，决定境，曾习境，所观境。彼文云："欲者，于所乐境，希望为性，勤依为业。"此即儒家所谓志也。"胜解者，于决定境，印持为性，不可引转为业。"谓于所证理境，审决印持，不为异缘之所引转，若犹豫境，胜解全无。"念者，于曾习境，令心明记，不忘为性，定依为业。""三么地者，此云等持，于所观境，令心专注不散为性，智依为业。""慧者，于所观境，拣择为性，断疑为业。"念及三麽地，敬也。胜解与慧，知也。学者观于此，则于"未有致知而不在敬"之义，亦可以无疑矣。

说止　续义理名相四

　　程子尝谓看《华严经》不如看一《艮》卦，此语大好参究。夫观象玩辞，学《易》之道，何独取于《艮》？又何以比之于《华严》？学者须是看过《华严》了，却再来看《艮》卦，便知程子此语落处。此须自悟，不务速说。《华严》则且置。《艮》卦作么生看？今不妨葛藤一上。

　　雪峰禅师有三句，曰：函盖乾坤句，截断众流句，随波逐浪句。朱子亦尝用之，如曰：佛家有此三句，"圣人言语亦然。如'以言乎远则不御，以言乎迩则静而正'，此函盖乾坤句也。如'《井》以辨义'等句，只是随道理说将去，此随波逐浪句也。如'《复》其见天地之心'，'神也者妙万物而为言'，此截断众流句也。"《语类》七十六邢㑶录。看《华严》不如看一《艮》卦，此亦是截断众流句。如今葛藤不已，却只是随波逐浪句。然临济尝云："一句中须具三玄，一玄中须具三要。有权有实，有照有用。"此非作意安排，一句中自具三句。故慈明曰："一句分宾主，照用一时行。"善会者自能得之。今不是说禅，却是借他禅语来显义，欲使学者举一反三，容易明白耳。

　　《易·艮》卦辞曰："艮其背，不获其身：行其庭，不见其人。无咎。"彖曰："艮，止也。时止则止，时行则行，动静不失其时，其道光明。艮其止，止其所也。上下敌应，不相与也。是以不获其身，行其庭，不见其人，无咎也。"象曰："兼山，艮。君子以思不出其位。"☶《艮》之卦象，一阳居二阴之上。阳动而进，至于上则止。阴者，静也。上止下静，故为艮。伊川《易传》

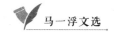

曰："人之所以不能安其止者，动于欲也。欲牵于前而求其止，不可得也。故艮之道，当'艮其背'。所见者在前，而背乃背之，是所不见也。止于所不见，则无欲以乱其心，而止乃安。'不获其身'，不见其身也，谓忘我也。无我则止矣，不能无我，无可止之道。'行其庭，不见其人'，庭除之间，至近也。在背，则虽至近不见，谓不交于物也。外物不接，内欲不萌，如是而止，乃得止之道，于止为无咎也。"又《遗书》曰："'不获其身'，无我也。'不见其人'，无人也。"程子之言如此。在佛氏谓之无我相、无人相。言不见者，非不见也，谓不见有我相、人相也。如是而见，则名正见，亦谓之无相三昧。今谓止者有二义：一是寂灭义，二是不迁义。前义是就息妄说，后义是就显真说。盖妄心不息，则真心不显，息妄显真，非有二事，所谓"闲邪则诚自存"。但欲诠义，亦可说为二。何谓寂灭义？佛氏云："诸行无常，是生灭法。生灭灭已，寂灭为乐。"常人闻寂灭则相顾而骇，不知所言止者，就妄心止息义边说。名为灭，非断灭之谓也。《圆觉》云："幻灭灭故，非幻不灭。譬如磨镜，垢尽明现。"《楞严》喻："亦如翳人，见空中华，翳病若除，华于空灭。""生死涅槃，皆即狂劳，颠倒华相。""根结若除，尘相自灭。诸妄销亡，不真何待？"百丈海曰："但了诸法不自生，皆从自己一念妄想颠倒，取相而有。知心与境，本不相到，当处解脱，一一诸法，当处寂灭。"儒者所谓人欲净尽，天理流行，即"生灭灭已，寂灭为乐"也。"上下敌应不相与"，即明根境不相到之义。艮者，所以成终而成始也。不觉以止而终，觉以止而始，狂心顿歇。歇即菩提，断尽无明，方成觉道。此与"一日克己复礼，天下归仁"并无二致。所谓"不用求真，唯须息妄"，妄息为灭，息妄名真，故谓止是寂灭义也。

何谓不迁义？妄心念念，生灭相续，故名迁流。真心体寂，故名常住。所谓不住名客，住名主人。以其常住，故不迁矣。象曰："时止则止，时行则行，动静不失其时，其道光明。"此谓一切时不迁也。"艮其止，止其所也。上下敌应，不相与也。"此谓一切处不迁也。"世为迁流，界为方位"，如实而谈，则念劫圆融，虚空消陨，无有延促，无有去来，此为止之了义。《法华》云："是法住法位，世间相常住。"《放光般若》云"法无去来、无动转"者，依世间解说，有三世十方。若自心"流注想断，无边虚空，觉所显发，动静二相，了然不生"，则三世十方一齐坐断。《起信论》云"一念相应，觉心初起，心无初相，以远离微细念故，得见心性，心即常住，名究竟觉"是也。又云："智净相者，如大海水，因风波动，而水非动性，若风止息，动相则灭，湿性不坏故。众生自性清净心，因无明风动，而心非动性，若无明灭，相续则灭，智性不坏故。"前是就觉体离念说，此是就本觉随染说。以此显止，乃为究竟无余。故《学记》曰"大时不齐"，言无分限也；老子曰"大方无隅"，言无边际也。"时止则止，时行则行，动静不失其时"，所谓动亦定，静亦定，更无动静二相也。"其道光明"，所谓"净极光通达，寂照含虚空"，唯妙觉明，更无明暗二相也。庄子云"泰宇定而天光发"，亦与此同旨。"止其所者"，不离当处而周遍十方，所谓"不疾而速，不行而至"，更无去来二相也。以一相无相，故显示常住真心，故说止是不迁义也。

复次，僧璨《信心铭》曰："止动归止，止更弥动，唯滞两边，宁知一种。"学者当知止者，必离二边分别，即无去来动静二相。如是则不迁之旨明矣。若不知即动是静，而舍动以求静，则其所谓止者亦动也。悟即动而静，则知动静之时者，其动亦止也。故肇公云："旋岚偃岳而常静，江河竞注而不流，野马飘鼓而不动，日月历天而不周。"故谓谈真有不迁之称，顺俗有流动之说，"谈真则逆俗，顺俗则违真，违真故迷性而莫返，逆俗故言淡而无味"也。"梵志出家，白首而归，邻人见之曰：'昔人尚存乎？'梵志曰：'吾犹昔人，非昔人也。'"大鉴在南海法性寺，暮夜风扬刹幡，闻二僧对论，一曰"幡动"，一曰"风动"，大鉴曰：

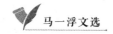

"可容俗流辄预高论否？直以风幡非动，动自心耳。"于此荐得，亦可无疑于斯言。肇公又曰："人之所谓动者，以昔物不至今，故曰动而非静；我之所谓静者，亦以昔物不至今，故曰静而非动。动而非静，以其不来；静而非动，以其不去。然则所造未尝异，所见未尝同，逆之所谓塞，顺之所谓通。苟得其道，复何滞哉？伤夫人情之惑也久矣，目对真而莫觉！既知往物不来，而谓今物而可往。往物既不来，今物何所往？何则？求向物于向，于向未尝无；责向物于今，于今未尝有。于今未尝有，以明物不来；于向未尝无，故知物不去。覆而求今，今亦不往，是谓昔物自在昔，不从今以至昔；今物自在今，不从昔以至今。""既曰古今，而欲迁之者，何也？""今若至古，古应有今；古若至今，今应有古。今而无古，以知不来；古而无今，以知不去。""事各性住于一世，有何物而可去来？"不迁之致，义极于此。是谓"动静不失其时"，是谓"止其所"。故曰："智者观其彖辞，则思过半矣。"《艮》卦只恁么看，一部《周易》亦只恁么看。

去矜上　续义理名相五

上蔡《语录》云：谢子与伊川别一年，往见之，伊川曰："相别又一年，做得甚功夫？"谢曰："也只是去个'矜'字。"曰："何故？"曰："子细检点得来，病痛尽在这里，若按伏得这个罪过，方有向进处。"伊川点头，因语在座同志者曰："此人为学，切问近思者也。"胡文定公问"矜"字罪过何故恁地大，谢曰："今人做事，只管要夸耀别人耳目，浑不关自家受用事。如有底人食前方丈，便向人前吃；只蔬食菜羹，却去房里吃。为甚恁地？"上蔡此言最为亲切。今略引群经，明矜之过失及去矜之道如下。

《论语》：颜渊、季路侍。子曰："盍各言尔志？"颜渊曰："愿无伐善，无施劳。"朱注曰："善，谓有能。〔施，亦张大之意。〕劳，谓有功。（施，亦张大之意。）"《虞书》舜命禹曰："汝惟不矜，天下莫与汝争能。汝惟不伐，天下莫与汝争功。"《易·系辞》："'劳谦，君子有终，吉。'《谦》卦九三爻辞。子曰：'劳而不伐，有功而不德，厚之至也。语以其功下人者也。'"老子曰："自见者不明，自是者不彰，自伐者无功，自矜者不长。"

以上皆矜伐并举。曰善曰能，是居之在己为矜；曰劳曰功，是加之于人为伐。浑言则矜、伐不别，皆因有我相、人相而妄起功能。诸相只是一个胜心，胜心即是私吝心，佛氏谓之萨迦耶见，我执、法执之所依也。然《论语》有"君子矜而不争"及"古之矜也廉"，朱子注："庄以持己曰矜。"又："矜者，持守太严。廉，谓棱角峭厉。"此"矜"字不是恶德，但虽有持守，乃作意出之，

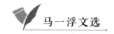

不免崖岸自高，亦是一种病痛。今所谓矜不是此类，是专指矜伐之"矜"，此则纯是恶德，故去之务尽也。

人何故有矜？今更以佛说显之。此在根本烦恼中，是痴、慢二法所摄。《百法》云："无明者，无明即痴。于诸理事，迷暗为性，能障无痴，一切杂染，所依为业。慢者，恃己于他，高举为性，能障不慢，生苦为业。"谓有慢者，于诸有德，心不谦下，能生诸苦。在随烦恼中，具有覆、诳、谄、憍、害、嫉、无惭、无愧八法，亦是贪嗔二分所摄。《百法》云："覆者，于自作罪，恐失利誉，隐藏为性，能障不覆，悔恼为业。诳者，为获利誉，矫现有德，诡诈为性，能障不诳，邪命为业。谄者，为罔他故，矫设异仪，谄曲为性，能障不谄，教诲为业。谓谄曲者为欲取悦于人，矫辞巧说，不信师友正言也。能障通不谄及教诲为言。憍者，于自盛事，深生染著，醉傲为性，能障不憍，染依为业。害者，于诸有情，心无悲悯，损恼为性，能障不害，逼恼为业。嫉者，殉自名利，不耐他荣，妒忌为性，能障不嫉，忧戚为业。按此即忮心。忮者必求，求而不得则戚。鄙夫之患得患失，小人之长戚戚是也。无惭者，不顾自法，轻拒贤善为性，能障于惭，生长恶行为业。无愧者，不顾世间，崇重暴恶为性，能障于愧，生长恶行为业。"按惭是自惭，愧是愧人，故以自法、世间分说。佛书中言世间，有时其意义颇近于今时所言社会。善法中翻此二法，则为惭、愧。崇重贤善、轻拒暴恶为性，对治无惭、无愧，上息恶行为业。轻者对重而言，鄙贱之意也。儒者谓"小人不耻不仁，不畏不义。"即无惭无愧。"耻不仁者，其为仁矣"即具足惭、愧二法也。盖心存矜伐者，务以胜人，不见己恶，其流必至于此。上蔡所谓"按伏得这个罪过，方有向进处"，学者须是先识得矜之过患，然后方知克治除遣之法。如何除遣？先遣我、人相，次遣功、能相。

云可先遣我、人相？儒者只言己私，不加分析，不如佛氏加以推勘，易于明了。凡计人我者，不出五蕴。蕴以积聚盖覆为义。

五蕴者，色、受、想、行、识是也。何谓色蕴？质碍为色。谓四大及五根、五尘。四大者，地、水、火、风，谓坚相、湿相、暖相、动相。眼耳诸根，色声诸境，和合积聚，总名为色。按，安慧《五蕴论》尚有无表色，亦色蕴摄，今略。何谓受蕴？领纳名受。谓领纳前境，而有三受：苦受、乐受、不苦不乐受。总名受蕴。何谓想蕴？想即取相。谓意识缘诸尘而生取著，总名为想。何谓行蕴？行即迁流、造作之义。谓除受、想诸余心法，心所行处，总名行蕴。此分遍行、别境二种。遍行者，三性、八识、九地，一切时俱能遍故。别境者，于差别境历别缘境而生起故。此有善不善等。何谓识蕴？了别名识。谓于所缘诸境能了别故，又能执持含藏诸种令相续故，有情执为自内我故，总名识蕴。《圆觉》所谓"妄认四大为自身相，六尘缘影为自心相"是也。计有我者，不出四见。一即蕴。二离蕴。计即蕴者，为即色是我邪？为即受、想、行、识是我邪？若俱是者，我应有五。计离蕴者，若离于蕴，我不可得。又计色大我小，我在色中；我大色小，色在我中。受、想、行、识，亦复如是。此二见者，辗转虚妄，反覆推勘，我实不可得。我相如是，人相亦然。因我故有我所，我既不可得，云何立我所？如是我、人二相俱遣，则矜无所施矣。

去矜下　续义理名相六

云何遣功、能相？以儒家之义言之，天地虽并育不害，不居生物之功；圣人虽保民无疆，不矜畜众之德。故曰："天何言哉？四时行，百物生，天何言哉？""巍巍乎，舜禹之有天下而不与也。"颜子"有若无，实若虚"，"以能问于不能，以多问于寡"。孔子曰："吾少也贱，故多能鄙事。君子多乎哉？不多也。""吾有知乎哉？无知也。有鄙夫问于我，空空如也。我叩其两端而竭焉。""所求乎子以事父，未能也；所求乎弟以事兄，未能也；所求乎朋友先施之，未能也。""若圣与仁，则吾岂敢？抑为之不厌，诲人不倦，则可谓云尔已矣。""文王视民如伤，望道而未之见。""周公思兼三王"，思而不得，"坐以待旦"。汤曰："朕躬有罪，无以万方；万方有罪，罪在朕躬。"武王曰："百姓有过，在予一人。"此皆圣贤用心行事之实相，决非故为挚谦。其自视欿然，觉得实有许多不尽分处，岂有纤毫功能之相？是则不待遣也。如梁惠王开口便曰："寡人之于国也，尽心焉耳矣。"人之度量相越，岂不远哉！程子曰："尧、舜事业如一点浮云过太虚。"朱子说："典礼犹云常事。尧、舜揖让，汤、武征诛，只如家常茶饭。"此真得圣人之用心，只是行其所当然而已。"'于戏前王不忘'，君子贤其贤而亲其亲，小人乐其乐而利其利"，此谓前王实能亲亲尊贤，与民以乐利，所以既没世而人思慕其功德有如是也。故功德皆从后人称道之辞，岂有以功德自居自赞之理？惟秦始皇既并六国，巡行所至，乃专以刻石颂德为事，群臣诵功，动称"皇帝休烈"，自以功过五帝，地广三王，极矜伐之能事。自秦以后有国家者，其形于诏令文字或群下奉进之义，往往愈无道愈夸耀，不待"见其礼而知其政，闻其乐而知其德"，夷考其言诚伪，自不可掩也。此其失何在？由于骄吝之私，见小识卑，彼实以功德为出于己也。程子谓"才有一毫私吝心，便与天地不相似"，非此类之人所能梦见也。末学肤受，亟于求人知，好为大言以自表见，居之不疑，此病最是不可救药。若以佛说推勘，当知功能之相实不可得，庶几废然知返。为对治此类病，故略明缘起性空，使知非己所得而有，亦是一期药病之言耳。

何谓"缘起性空"？欲明此义，须究大乘般若方等诸经论，至约亦须明三论，《十二门论》《中论》《百论》。今只能略举其一端。《肇论》云："一切诸法，缘会而生。缘会而生，则未生无有，缘离则灭。如其真有，有则无灭。以此而推，故知（今）虽〔今〕现有，有而性常自空。此谓诸法从缘故不有，缘起故不无也。"《十二门论》云："众缘所生法，即是无自性，若无自性者，云何有是法？"释云："众缘所生法有二种：一者内，二者外。众缘亦有二种：一者内，二者外。"言内者，乃破小乘十二因缘，今略之。又所言法者，该有为无为。今专明有为。外因缘者，如泥团、转绳、陶师等和合，故有瓶生；缕绠、机杼、织师等和合，故有氎生；治地、筑基、梁椽、泥草、人功等和合，故有舍生；酪器、钻摇、人功等和合，故有酥生；种子、地、水、火、风、虚空、时节、人功等和合，故有芽生。当知外缘等法皆如是从众缘生。从众缘生故，即是无自性。《涅槃》云："譬如青黄合成绿色，当知是二，本无绿性，若本有者，何须合成。"若自性无，他性亦无，自他亦无，何以故？因他性故无自性。谓自性若有，则不因他。若谓以他性故有者，则牛以马性有，马以牛性有，梨以奈性有，奈以梨性有，余皆应尔，而实不然。若谓不以他性故有，但因他故有者，是亦不然，何以故？若以蒲故有席者，则蒲席一体，不名为他。若谓蒲于席为他者，不得言以蒲故有席。又蒲亦无自

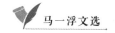

性，何以故？蒲亦从众缘出，故无自性。不得言以蒲性故有席。是故席不应以蒲为体。余瓶酥等外因缘法，皆亦如是不可得。

学者当知所言功能者，亦是因缘所生法。云何得成？若谓能是能成之缘，功是所成之法，而此能者即众缘也。是则功无自性，缘所成故；能亦无自性，体即缘故。此缘不从自生，为不孤起故；亦不从他生，缘不定二故；亦非自他共生，诸缘各住自位故。辗转推勘，皆不可得。能成既无，所成何有？是故功能及我皆空。又此言功能属有为法。今立量云：一切有为法，皆无自性，宗。以从缘生故，因。喻如瓶等。喻。又：一切有为法定空，宗。以无自性故，因。喻如不以蒲性故有席。喻。是故功能虽似幻有，当体本空也。

学者观此，如犹未喻，今更引老子之言明之。老子曰："三十辐共一毂，当其无，有车之用。埏埴以为器，当其无，有器之用。凿户牖以为室，当其无，有室之用。故有之以为利，无之以为用。"此章旧师所释，皆不得其旨。若以"缘起性空"之义释之，则迎刃而解矣。盖老子所谓"有"者，即指缘生；所谓"无"者，即谓性空也。某旧曾注《老子》，今附录此章义如下：

> 此显缘生之法，咸无自性，故幻用得成也。车之用，载重行远是也；器之用，受物可持是也；室之用，居处宴息是也。方其辐毂已具，埏埴已成，户牖已施，但有车、器、室之相而已，其用固未形也。及其用之，则随人而无定，故当其有此三法也，非三用也。当其有此三用也，非三法之能有也。辐毂非即是车，车不离辐毂，车与辐毂各不相知，而车之用出焉。为出于车邪？车无自体，辐毂等所成故。为出于辐毂邪？辐毂非全车，离车则辐毂无所施故。是故舍辐毂则车丧，舍车则辐毂亦丧。求辐毂与车，则似有矣，求车之用，则无得矣。唯器与室亦然，埏埴而为方圆大小众形，则有器生，而器之用不存也；凿

户牖而见明暗通塞诸相，则有室生，而室之用不存也。六事和合，三法幻起，三用虽炽然现前，而三法当体空寂。利者，言乎用之未发也。譬如刀刃之铦，但可名利，以之割物，乃得名用。刀不自割，故但有其利。人能使之，乃转利成用。用不属刀，亦不属人，不离刀人，刀人亦不相知，反复求之，皆不可得。故利则不无，用则不有。以缘生故有，有即幻有，非是定常；以无性故空，空乃本无，非是灭取也。

又《庄子·知北游篇》："舜问乎丞曰：'道可得而有乎？'曰：'汝身非汝有也，汝何得有夫道！'舜曰：'吾身非吾有也，孰有之哉？'曰：'是天地之委形也。生非汝有，是天地之委和也。性命非汝有，是天地之委顺也。孙子非汝有，是天地之委蜕也。故行不知所往，处不知所持，食不知所味，天地之强阳气也，又胡可得而有邪？'"郭注："强阳，犹运动耳。"按《列子·天端篇》亦有此文，疑其袭取《庄子》。庄子谓强阳气即气之动，气动即缘生也。自道家、儒家言之，皆谓气聚则生，气散则死。自佛氏言之，则曰缘会则生，缘离即灭。会得此语，则证二空：身非汝有是人空，不得有夫道是法空。在儒家谓之尽己。私人我，诸法不成安立，然后法身真我始显，自性功德始彰。故曰："至人无己，神人无功，圣人无名。"无己之己无所不己，是为法身，即性也；无功之功任运繁兴，是为般若，即道也无名之名应物而形，是为解脱，即教也。是故"与天地合其德，与日月合其明，与四时合其序"，而后知暖暖姝姝自以为足者，未始有物也。一蚊一虻之劳，其于天地亦细矣，尘垢秕糠，未足为喻，奚足以自多乎？如是则人我功能之相遣尽无余，何处更著一"矜"字。

在《易》象："山下有风，蛊。君子以振民育德。"挠万物者，莫疾乎风。山本静止，遇风则群物动乱，故成蛊坏之象。既坏

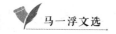
而治之，止其动乱，则为有事。故曰："蛊者，事也。"民者难静而易动，当蛊之时，治蛊之道在于"振民育德"，育德则止矣。《系辞》曰："功业见乎变。"物坏是变，治其坏亦是变。人唯为习气所坏，故须学；天下唯无道，故须易：此皆不得已之事。乱既不生，何须定乱？如人无病，何须服药？"上工治未病"，"君子防未然"。《学记》曰："禁于未发之谓豫。"《大畜》"童牛之牿"，"豮豕之牙"，皆是遏人欲于将萌，消祸乱于不觉，无迹可寻，无功可著，民莫能名，无得而称，斯所以为至德。知此，则去矜之谈实为剩语矣。

释学问　先释学问之义　后明问答之旨

人人皆习言学问，却少有于此二字之义加以明晰之解说者。如见人读书多，见闻广，或有才辨，能文辞，便谓之有学问。古人所谓学问，似乎不是如此。此可说是有知识，有才能，若言学问，却别有事在。知识是从闻见得来的，不能无所遗；才能是从气质生就的，不能无所偏。今所谓专家属前一类，所谓天才属后一类。学问却要自心体验而后得，不专恃闻见；要变化气质而后成，不偏重才能。知识、才能是学问之资藉，不即是学问之成就。唯尽知可至于盛德，乃是得之于己；尽能可以为大业，亦必有赖于修。如此，故学问之事起焉。是知学问乃所以尽知尽能之事，而非多知多能之谓也。学问二字，今浑言不别，实际上学是学，问是问，虽一理而有二事。浅言之，学是自学，问是问人。自学是要自己证悟，如饮食之于饥饱，衣服之于寒暖，全凭自觉，他人替代不得。《学记》曰"虽有嘉肴，弗食，不知其旨也。虽有至道，弗学，不知其美也"，佛氏亦有"说食不饱，数宝不富"之喻，最善。问人即是就人抉择，如迷者问路，病者求医，须是遇善知识，不然亦有差了路头，误服毒药之害。古语曰："一盲引众盲，相牵入火坑。"又曰："一句合头语，万劫系驴橛。"皆指师家不明之误，所谓自救不了，为人即祸生也。禅师家接人每以言句勘辨，故有宾主料简。不惟师择弟子，弟子亦要择师。若学者不具参方眼，师家不辨来机，互相钝置，名为一群瞎汉相趁。儒家问答，接人手眼实与禅师家不别，会者自知，但先儒不显说耳。故必先学而后问。善问者必善学，善学者必善问。师资道合，乃可相得益彰。孔子自居好学，

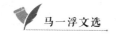

又独称颜回为好学。"舜好问而好察迩言",所以为"大智"。由此言之,好学好问皆为圣贤之事,未可轻易许人。圣贤是果位人,犹示居学地。示有下问,"有若无,实若虚",何况学者在因地,若得少为足,便不肯用力,今人于记诵考据之学,非不用力,但义理则非所尚,此其蔽也。安其所习,而耻于问人,今人于政治问题、社会问题未尝不研究,未尝不问人,但于自己心性则置而不谈,未尝致问,此由耽于习而忽于性,故以为不足问也。**何由得有成就?** 今日学者为学方法,可以为专家,不可以成通儒。此所言成就,乃欲个个使成圣贤。古人论学主通,今人论学贵别。若问:"学是学个甚么?"答曰:"伊川尝试颜子所好何学论,便是解答此问题。"须知古无科学、哲学之称,亦无经学、史学之目。近世以汉、宋分途,朱、陆异撰,用朝代姓氏为别,皆一孔之见。濂、洛、关、闽只是地名,考据、词章同为工具。八儒三墨各自名家,入室操戈互相胜绌,此庄生所谓"道术将为天下裂"也。学只是学,无假头上安头,必不得已,强名义理之学,如今立科、哲,各从所好,权示区分,犹胜以时代地域为号。《论语》四科有文学,《宋史》列传出道学,文则六艺之遗,道为义理所寄,实即学文、学道之倒言耳。孔子问礼于老聃,问乐于苌弘,"入太庙,每事问","夫子焉不学?而亦何常师之有","三人行,必有我师焉。择其善者而从之,其不善者而改之",此其所学所问,亦不可加以名目,故谓"大哉孔子,博学而无所成名"。知此则知今之所谓专家者,得之于别而不免失之于通,殆未足以尽学问之能事。虽然,分河饮水,不无封执之私,互入交参,乃见道体之妙。既知统类,则不害差分,致曲通方,各就其列,随顺世间,语言亦复何碍?故百家众说,不妨各有科题,但当观其会通,不可是丹非素,执此议彼。苟能舍短取长,何莫非道?万派朝宗,同归海若,容光必照,所以贞明。小智、自私,乃存畛域,自智者观之,等同一味,岂有以异乎哉!

今略说因地学问之道。《易》文言曰："君子学以聚之，问以辨之，宽以居之，仁以行之。"学要进德修业，积累而成，故曰聚。问则解蔽去惑，言下洞然，故曰辨。"宽以居之"谓体无不备，"仁以行之"谓用无不周。《中庸》曰："博学之，审问之，慎思之，明辨之，笃行之。"上四明体属知，下一达用属行，知行合一，体用不离，与《易》文言同旨。释氏以闻、思、修为三学，亦同《中庸》。闻该学问，思约思辨，修即笃行也。思辨即学问之事，学而不思则无得，问而不辨则不明，故学问必要思辨。知是知此，行是行此，即此体，即此用。故《论语》只以思、学并言。佛氏开为三，闻、思、修。《中庸》开为五。学、问、思、辨、行。约而言之，则但曰学。言有广略，事惟一贯。子夏曰："博学而笃志，切问而近思，仁在其中矣。"博学而不笃志，犹之未学。切问而不近思，犹之未问。学欲其博，是要规模阔大，非谓泛滥驳杂也。问欲其切，是要体会亲切，非谓腾口说、骋机锋也。志欲笃，笃谓安止而不迁。思欲近，近谓不远而可复。优柔餍饫，若江海之浸，膏泽之润，学之力也。涣然冰释，怡然理顺，问之效也。故学必资于问，不学则不能问。《学记》曰："幼者听而弗问，学不躐等也。"非不许问，谓不可躐等而问也。又曰："力不能，问，然后（告）〔语〕之。（告）〔语〕之而不知，虽舍之可也。"此谓不思之过。孔子曰："不愤不启，不悱不发。"朱注："愤者，心求通而未得之意。悱者，口欲言而未能之貌。""举一隅不以三隅反，则不复也。"愤、悱是能思，举一反三是善悟。不能如是，圣人之所不教。上根如颜子，闻一知十；其次如子夏，告往知来；子贡闻一知二；樊迟、司马牛最下，闻而不喻。如樊迟问仁、问智，不达。再告以举直错枉，犹不达，乃退而问子夏。司马牛问仁、问君子，皆以为未足。此皆在不复之列。《论语》多记孔门问答之词，实为后世语录之祖。孟子曰："君子之所以教者五：有如时雨化之者，有成德者，有达材者，有答问者，有私淑艾者。"除第五类外，前

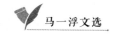

三亦假问答。但孟子之意似以答问为接下机，其实问虽有高下，答则因才而施，其道是一。《学记》曰："善问者如攻坚木，先其易者，后其节目，及其久也，相说以解。不善问者反此。善待问者如撞钟，叩之以小者则小鸣，叩之以大者则大鸣，待其从容，然后尽其声。不善答问者反此。"此是问答之轨范。学以穷理，问以决疑。问前须学，问后要思。故学问之道以致思为最要，思则得之，不思则不得也。学者观于此，亦可以明问答之旨矣。吕与叔曰："古者宪老而不乞言，仪刑其德，无所事于问也。其次则有问有答，然犹"不愤不启，不悱不发"。又其次则有讲有听，讲者不待问也，听者不致问也，如此则师虽勤而道益轻，学者之功益不进。又其次则有讲而未必听。至于有讲而未必听，则无讲可矣。"今于讲论之外，开此问答一门，乃欲曲顺来机，加以接引，观其资质所近，察其习气所偏，视其志趣所向，就其解会所及，纳约自牖，启其本心之明，应病与药，救其歧路之失。随感而应，其用无方，祭海先河，庶几知本。至于发问，当有范围，虽无倦于相酬，亦致诚于陵节。诸生平日所治科目，各有本师，无劳诹及。但关于身心义理，欲知求端致力之方，或已知用力而未得其要者，不惜详为之说。诸所不答，条列如下。

一、问单辞碎义无关宏旨者不答。

一、问僻书杂学无益身心者不答。

一、问时政得失不答。

一、问时人臧否不答。

一、辞气不逊不答。

一、越次而问不答。

一、数数更端不答。

一、退而不思再问不答。

读书法

　　前讲学规，乃示学者求端致力之方。趣向既定，可议读书。如人行远，必假舟车，舟车之行，须由轨道，待人驾驶，驾驶之人，既须识途，亦要娴熟，不致迷路，不致颠覆，方可到达。故读书之法，须有训练，存乎其人。书虽多，若不善读，徒耗日力，不得要领，陵杂无序，不能入理，有何裨益？所以《学记》曰"记问之学，不足以为人师"也。古人以牛驾车，有人设问，曰："车若不行，打车即是？打牛即是？"此以车喻身，以牛喻心。车不自行，曳之者牛；肢体运用，主之者心。故欲读书，先须调心，心气安定，自易领会。若以散心读书，博而寡要，劳而少功，必不能入。以定心读书，事半功倍。随事察识，语语销归自性，然后读得一书自有一书之用，不是泛泛读过。须知读书即是穷理博文之一事，然必资于主敬，必赖于笃行。不然，则只是自欺欺人而已。

　　《易·系辞》曰："上古结绳而治，后世圣人易之以书契，百官以治，万民以察，盖取堵夬。"夬者，决也。决是分别是非之意，犹今言判断决去其非，亦名为决。此书名所由始。契乃刻木为之，书则箸于竹帛。故《说文》曰："书，箸也，从聿。"所以书者，是别白之词。声亦兼意。孔颖达《尚书正义》曰："道本冲寂，非有名言，既形以道生，物由名举，圣贤阐教，事显于言，言惬群心，书而示法，因号曰书。"名言皆诠表之辞，犹筌蹄为渔猎之具。书是能诠，理即所诠。《系辞》曰："书不尽言，言不尽意。"故读书在于得意，得意乃可忘言。意者，即所诠之理也。读书而不穷理，譬犹买椟还珠，守此筌蹄，不得鱼兔，安有用处？禅

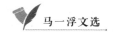

家斥为"念言语汉"，俚语谓之"读死书"。贤首曰："微言滞于心首，转为缘虑之场；实际居于目前，翻成名相之境。"此言读书而不穷理之过。记得许多名相，执得少分知解，便傲然自足，顿生狂见，自己无一毫受用，只是增长习气。《圆觉经》云："无令求悟，唯益多闻，增长我见。"此是不治之证。故读书之法，第一要虚心涵泳，切己体察，切不可以成见读书，妄下雌黄，轻言取舍，如时人所言批评态度。南齐王僧虔《诫子书》曰："往年有意于史"，后"复徙业就玄"，"犹未近仿佛。曼倩有云：'谈何容易。'见诸玄，志为之逸，肠为之抽。专一书，转（通）〔诵〕数十家注，自少至老，手不释卷，尚未敢轻言。汝开《老子》卷头五尺许，未知辅嗣何所道，平叔何所说，马、郑何所异，《指例》何所明，而便盛（挥）〔于〕麈尾，自呼谈士，此最险事"，"就如张衡思侔造化，郭象言类悬河，不自劳苦，何由至此？汝曾未窥其题目，未辨其指归；六十四卦，未知何名；庄子众篇，何者内外；《八帙》所载，凡有几家；四本之称，以何为长。而终日欺人，人亦不受汝欺也"。据此文，可知当时玄言之盛，亦如今人之谈哲学、新学。后生承虚接响，腾其口说，骛名无实，其末流之弊有如是者。僧虔见处，犹滞知解，且彼自为玄家，无关儒行。然其言则深为警策，切中时人病痛，故引之以明"知之为知之，不知为不知，是知也"之旨。慎勿以成见读书，轻言批评，此最为穷理之碍，切须诫绝也。

今以书为一切文籍记载之总名，其实古之名书，皆以载道。《左氏传》曰："楚左史倚相，能读《三坟》《五典》《八索》《九丘》。"读书之名始此。《尚书序》曰："伏羲、神农、黄帝之书，谓之《三坟》，言大道也；少昊、颛顼、高辛、唐、虞之书，谓之《五典》，言常道也；至于夏、商、〔周〕之书，虽设教不伦，雅诰奥义，其归一揆。是故历代宝之，以为大训。八卦之说，谓之《八索》，〔求其义也。〕九州之志，谓之《九丘》。

丘，聚也。言九州所有，土地所生，风气所宜，皆聚此书也。"此见上占有书，其来已远。《书序》复云："孔子生于周末，睹史籍之烦文，惧览者之不一，遂乃定《礼》《乐》，明旧章，删《诗》为三百篇，约史记而修《春秋》，赞《易》道以黜《八索》，述《职方》以除《九丘》。疑当时《八索》者类阴阳方伎之书。故孔子作《十翼》，以赞《易》道之大，而《八索》遂黜。《职方》，孔颖达以为即指《周礼》。疑上古亦有方志，或不免猥杂，故除之。讨论坟典，断自唐、虞以下，讫于周。芟夷烦乱，翦截浮辞，举其宏纲，撮其机要，足以垂世立教。""所以恢弘至道，示人主以轨范也。"此义实通群经言之，不独《尚书》也。《尚书》独专"书"名者，谓其为帝王遗书，所谓"文武之道，布在方策"者是也。"文王既没，文不在兹乎？"文所以显道，事之见于书者，皆文也。故六艺之文，同谓之书。以常道言，则谓之经；以立教言，则谓之艺；以显道言，则谓之文；以竹帛言，则谓之书。《论语》记"子所雅言，《诗》、《书》、执礼"，"子不语怪、力、乱、神"，此可对勘。世间传闻古事多属怪、力、乱、神，如《楚词·天问》之类。《山海经》疑即《九丘》之遗。如《竹书纪年》《汲冢周书》《穆天子传》等，固魏、晋间人伪书。然六国时人最好伪撰古事，先秦旧籍多有之。故司马迁谓："诸家言黄帝，其言不雅驯，荐绅先生难言之。"可知孔子删《书》，所以断自唐虞者，一切怪、力、乱、神之事，悉从刊落。郑康成《书论》引《尚书纬》云："孔子求书，得黄帝玄孙帝魁之书，迄于秦穆公，凡三千二百四十篇，断远取近，定可以为世法者百二十篇。今伏生所传今文才二十九篇，益以古文，并计五十八篇。"《古文尚书》虽有依托，并非全伪。据此可见孔子删后之《书》，决无不可信者。群经以此类推，为其以义理为主也。故曰："述而不作，信而好古，窃比于我老彭。""我非生而知之者，好古，敏以求之者也。"此是孔子之读书法。今人动言创作，动言疑古，岂其圣于孔

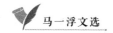

子乎？不信六经，更信何书？不信孔子，更信何人？"夏礼，吾能言之，杞不足征也。殷礼，吾能言之，宋不足征也。文献不足故也。足，则吾能征之矣。""吾犹及史之阙文也。今（无）〔亡〕矣夫！"此是考据谨严态度。今人治考古学者，往往依据新出土之古物，如殷墟甲骨、汉简之类，矜为创获，以推论古制。单文孤证，岂谓足征？即令有当，何堪自诩？此又一蔽也。孔子读《易》，韦编三绝，漆书三灭，铁挝三折，其精勤专久如此。今人读书，不及终篇，便生厌倦，辄易他书，未曾玩味，便言已了，乃至文义未通即事著述，抄撮剽袭，自矜博闻，谬种流传，每况愈下。孔子曰："盖有不知而作之者，我无是也。"此不独浅陋之甚，亦为妄诞之尤，其害于心术者甚大。今日学子，所最宜深诫者也。

《易》曰："天在山中，大畜。君子以多识前言往行，以畜其德。"伊川曰："天为至大而在山之中，所畜至大之象。""人之蕴畜，由学而大，在多闻前古圣贤之言与行，考迹以观其用，察言以求其心，识而得之，以畜成其德，乃大畜大义。"此学之所以贵读书也。"登东山而小鲁，登泰山而小天下"，乃知贵近者必遗远也。河伯见海若而自失，乃知执多者由见少也。读书非徒博文，又以畜德，然后能尽其大。盖前言往行，古人心德之著见者也，畜之于己，则自心之德与之相应。所以言"富有之谓大业，日新之谓盛德"。业者，即言行之发也。君子言而世为天下法，行而世为天下则，故乱德之言，非礼之行，必无取焉。书者何？前言往行之记录是也。今语所谓全部人生，总为言行而已矣。书为大共名，六艺为大别名。古者左史记言，右史记事，言为《尚书》，事为《春秋》，初无经史之分也。尝以六艺统摄九家，统摄四部，闻者颇以为异。《泰和会语·楷定国学名义》。其实理是如此，并非勉强安排。庄子所谓"道术之裂为方术，各得一察焉以自好"。《汉志》以九家之言皆"六艺之支与流裔"，亦世所熟闻也。流略之说，犹寻其源；四部之分，遂丰其部。今言专门，则封域愈狭，执其一支，以议其全体，有见于别而无见于通，以是为博，其实则陋。故曰："井蛙不可以语于海，拘于墟也；夏虫不可以语于冰，笃于时也；曲士不可以语于道，束于教也。"守目录校雠之学而以通博自炫者，不可以语于畜德也。清儒自乾嘉以后，小学一变而为校勘，单辞碎义，犹比窥观。至目录一变而为板本，则唯考论椠刻之久近，行款之异同，纸墨之优劣，岂徒玩物丧志，直类骨董市谈。此又旧习之弊，违于读书之道也。

以上略明读书所以穷理，亦所以畜德。料简世俗读书不得其道之弊，大概不出此数端。然则读书之道，毕竟如何始得？约而言之，亦有四门：一曰通而不局，二曰精而不杂，三曰密而不烦，四曰专而不固。局与杂为相违之失，烦与固为相似之失。执一而废他者，局也；多歧而无统者，杂也；语小而近琐者，烦也；滞迹而遗本者，固也。通则曲畅旁通而无门户之见；精则幽微洞彻而无肤廓之言；密则条理谨严而无疏略之病；专则宗趣明确而无泛滥之失。不局不杂，知类也；不烦不固，知要也。类者辨其流别，博之事也；要者综其指归，约之事也。读书之道尽于此矣。

《学记》曰："一年视离经辨志。"郑注："离经，断句绝也。辨志，谓别其心意所趋向。"是离经为章句之学，以了解文义为初学入门之事。继以辨志，即严义利之辨，正其趋向，否则何贵于读书也。下文云："三年视敬业乐群；五年视博习亲师；七年视论学取友，谓之小成；九年知类通达，强立而不反，谓之大成。"敬业、博习、论学，皆读书渐进功夫。乐群、亲师、取友，则义理日益明，心量日益大，如是积累，犹只谓小成。至于"知类通达"，则知至之目，"强立而不反"，郑注云：强立，临事不惑也。不反，不违失师道。犹《论语》言"弗畔"。则学成之效。是以深造自得，然后谓之大成。故学者必有资于读书，而但言读书，实未足以为学。今人读书，但欲了解文义，便谓能事已毕。是只做

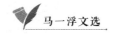

得离经一事耳，而况文义有未能尽了者乎！

《汉书·艺文志》曰："古之学者耕且养，三年而通一艺，存其大体，玩经文而已，是故用日少而畜德多，三十而五经立也。后世经传既已乖离，博学者又不思多闻阙疑之义，而务碎义逃难，便辞巧说，破坏形体；说五字之文，至于二三万言。后进弥以驰逐，故幼童而守一艺，白首而后能言；安其所习，毁所不见，终以自蔽。此学者之大患也。"此见西汉治经，成为博士之业，末流之弊，已是如此，异乎《学记》之言矣，此正《学记》所谓"呻其占毕，多其讯"者，乃适为教之所由废也。汉初说《诗》者，或能为《雅》而不能为《颂》，其后专主一经，守其师说，各自名家。如《易》有施、孟、梁丘；《书》有欧阳、夏侯；《诗》有齐、鲁、韩，人持一义，各不相通。武帝末，壁中古文已出，而未得立于学官，至平帝时，始立《毛诗》《逸礼》《古文尚书》《左氏春秋》。刘歆《让太常博士书》，极论诸儒博士不肯置对，专己守残，挟恐见破之私意，而亡从善服义之公心，"雷同相从，随声是非"。此今古文门户相争之由来也，此局过之一例也。及东汉末，郑君承贾、马之后，遍注群经，始今古文并用，庶几能通者，而或讥其坏乱家法。迄于清之季世，今文学复兴，而治古文学者亦并立不相下，各守封疆，仍失之局。而其为说之支离破碎，视说"曰若稽古"三万言者犹有过之，则又失之烦。汉、宋之争，亦复类此。为汉学者，诋宋儒为空疏，为宋学者，亦鄙汉儒为锢蔽。此皆门户之见，与经术无关。知以义理为主，则知分今古汉宋为陋矣。然微言绝而大义乖，儒分为八，墨分为三，邹、鲁之间，断断如也，自古已然。荀子非十二子，其态度远不如庄子。《天下篇》言"古之道术有在于是者，某某闻其风而说之"，故道术裂为方术，斯有异家之称。刘向叙九流，言九家者，皆六艺之支与流裔，礼失而求诸野，彼异家者，犹愈于野已，此最为持平之论。其实末流之争，皆与其所从出者了无干涉。推之儒佛之争，佛老之争，儒者排二氏为异端，佛氏亦判儒家为人天乘，老、庄为自然外道。老佛互诋，则如顾欢《夷夏论》，甄鸾《笑道论》之类；乃至佛氏亦有大小乘异执、宗教分途，道家亦有南北异派：其实与佛、老子之道皆无涉也。儒家既分汉、宋，又分朱、陆，至于近时，则又成东方文化与西方文化之争、玄学与科学之争、唯心与唯物之争，万派千差，莫可究诘，皆局而不通之过也。大抵此病最大，其下三失随之而生。既见为多歧，必失之杂；言为多端，必失之烦；意主攻难，必失之固。欲除其病本，唯在于通。知抑扬只系临时，对治不妨互许，扫荡则当下廓然，建立则异同宛尔，门庭虽别，一性无差。不一不异，所以名如。有疏有亲，在其自得。一坏一切坏，一成一切成，但绝胜心，别无至道。庄子所谓："恢诡谲怪，道通为一。"荀卿所谓："奇物变怪；仓卒起一方，举统类以应之，若辨黑白。"禅家所谓："若有一法出过涅槃，我亦说为如梦如幻。"《中庸》之言最为简要，曰："不诚无物。"孟子之言最为直截，曰："万物皆备于我矣。"《系辞》之言最为透彻，曰："天下同归而殊涂，一致而百虑。天下何思何虑。"盖大量者用之即同，小机者，执之即异。总从一性起用，机见差别，因有多途。若能举体全该，用处自无差忒。读书至此，庶可大而化之矣。

　　学者观于此，则知天下之书不可胜读，真是若涉大海，茫无津涯。庄子曰："吾生也有涯，而知也无涯。以有涯随无涯，殆已。"然弗患其无涯也，知类，斯可矣。盖知类则通，通则无碍也。何言乎知类也？语曰："群言淆乱，折衷于圣人，摄之以六艺，而其得失可知也。"《汉志》叙九家，各有其长，亦各有其短。《经解》明六艺流失，曰愚、曰诬、曰烦、曰奢、亦曰《礼》失则离，《乐》失则流。曰贼、曰乱。《论语》"六言""六蔽"，曰愚、曰荡、曰贼、曰绞、曰乱、曰狂。孟子知言显言之过为诐淫邪遁，知其在心者为蔽陷离穷。皆各从其类也。荀子曰："墨子蔽于用而不知文，宋子蔽于欲而不知得，慎子蔽于法而不知

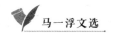

贤，申子蔽于势而不知知，惠子蔽于辞而不知实，庄子蔽于天而不知人。故由用谓之，道尽利矣；由欲谓之，道尽嗛矣；由法谓之，道尽数矣；由势谓之，道尽便矣；由辞谓之，道尽论矣；由天谓之，道尽因矣。此数具者，皆道之一隅也。夫道者，体常而尽变，一隅不足以举之。"荀子此语，亦判得最好。蔽于一隅即局也。是知古人读书先须简过，知其所从出，而后能知其所流极，抉择无差，始为具眼。凡名言施设各有分齐。衡诚悬，则不可欺以轻重；绳墨诚陈，则不可欺以曲直；规矩诚设，则不可欺以方圆。以六艺统之，则知其有当于理者，皆六艺之一支也；其有乖违析乱者，执其一隅而失之者也。祛其所执而任其所长，固皆道之用也。《诗》之失何以愚？《书》之失何以诬？《礼》之失何以离？《乐》之失何以流？《易》之失何以贼？《春秋》之失何以乱？失在于不学，又学之不以其道也。故判教之宏，莫如《经解》，得失并举，人法双彰。乃知异见纷纭，只是暂时歧路，封执若泯，则一性齐平，寥廓通涂，谁为碍塞？所以囊括群言，指归自性：此之谓知类。

何言乎知要也？《洪范》曰："会其有极，归其有极。"老子曰："言有宗，事有君。"荀卿曰："圣人言虽万变，其统类一也。"王辅嗣曰："物无妄然，必由其理，统之有宗，会之有元，故繁而不乱，众而不惑。自统而寻之，物虽众则知可以执一御也；由本以观之，义虽博则知可以一名举也。故处璇玑以观大运，则天地之动未足怪也；据会要以观方来，则六合辐辏未足多也。"此知要之说也。《诗谱序》曰："举一纲而万目张，解一卷而众篇明。"康成可谓善读书者也。试举例以明之，如曰：《诗》以道志，《书》以道事，《礼》以道行，《乐》以道和，《易》以道阴阳，《春秋》以道名分，六艺之总要也。"思无邪"，《诗》之要也。"毋不敬"，《礼》之要也。"告诸往而知来者"，读《诗》之要也。"言忠信，行笃敬"，学《礼》之要也。"惧以终始，其要无咎"，学《易》之要也。"君君、臣臣、父父、子子"，《春秋》之要也。"礼，与其奢也，宁俭；丧，与其易，宁戚"，此亦礼之要也。"报本反始"，郊社之要也。"慎终追远"，丧祭之要也。"尊尊亲亲"，丧服之要也。"谨始"，冠昏之要也。"尊贤养老"，燕飨之要也。"礼主别异，乐主和同；序为礼，和为乐；礼主减，乐主盈；礼乐只在进反之间"，此总言礼乐之要也。"好贤如《缁衣》，恶恶如《巷伯》"，"将顺其美，匡救其恶"，此亦《诗》之要也。"《天保》以上治内，《采薇》以下治外"，"《小雅》尽废则四夷交侵，中国微矣"、《诗》通于政之要也。"婚姻之礼废则淫僻之罪多；乡饮酒之礼废则争斗之狱繁；丧祭之礼废则倍死忘生者众；聘觐之礼废则倍畔侵陵之败起"，"明乎郊社之礼、禘尝之义，治（天下）〔其国〕如示诸掌"，议礼之要也。"逝者如斯夫"，"四时行，百物生"，读《易》观象之要也。"清斯濯缨，浊斯濯足"，"未之思也，〔夫〕何远之有"，读《诗》耳顺之要也。"智者观其《彖辞》，则思过半矣"，亦学《易》之要也。"杂物撰德，辨是与非，非其中爻不备"，则六位之要也。六十四卦之大象，用《易》之要也。"齐一变至于鲁，鲁一变至于道"，《春秋》三世之要也。"其或继周者，虽百世可知也"，《尧曰》一篇，皆《书》之要也。《乡党》一篇，皆《礼》之要也。孟子尤长于《诗》《书》，观孟子之道"性善"，言"王政"，则知《诗》《书》之要也。《论语》，群经之管钥，观于夫子之雅言，则知六艺之要也。他如子夏《诗序》、郑氏《诗谱序》、王辅嗣《易略例》、伊川《易传序》、胡文定《春秋传序》、蔡九峰《书集传序》，皆能举其大，则又一经之要也。如是推之，不可殚述。验之于人伦日用之间，察之于动静云为之际，而后知心性之本，义理之宗，实为读群书之要。欲以辨章学术，究极天人，尽此一生，俟诸百世，舍此无他道也，此之谓知要。

《孔子闲居》曰："天有四时，春秋冬夏，风雨霜露，无非教也；地载神气，神气风霆，风霆流形，庶物露生，无非教也。"观

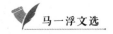
象，观变，观物，观生，观心，皆读书也。六合之内，便是一部大书。孟子曰："观于海者难为水，游于圣人之门者难为言。"夫义理无穷，岂言语所能尽？今举读书法，乃是称性而谈，不与世俗同科，欲令合下识得一个规模，办取一副头脑，方免泛滥无归。信得及时，正好用力，一旦打开自己宝藏，运出自己家珍，方知其道不可胜用也。

通治群经必读诸书举要

《大学》《中庸》章句

《论语》《孟子》集注

《中庸辑略》

《论孟精义》

《四书或问》

《朱子语类》四书门

《四书纂疏》

《礼记》注疏《大学》《中庸》篇

《论语》何晏集解、皇侃义疏、邢昺疏

《孟子》赵岐注

以上四书类。

六艺，皆孔氏之遗书，七十子后学所传。欲明其微言大义，当先求之《论语》，以其皆孔门问答之词也。据《论语》以说六艺，庶几能得其旨。孟子、荀卿皆身通六艺，然荀卿蔽于修而不知性，唯孟子道性善，言王政，为足以继《论语》。先儒取戴记《大学》《中庸》二篇以益之，谓之四书，万世不可易矣。朱注字字称量而出，深得圣人之用心，故谓治群经必先求之四书，治四书必先求之朱注。然不校之《集解》《义疏》，不知其择义之精也；不考诸《精义》《或问》，不知其析理之微也。学者宜于此详玩而深体之，乃有以立其本矣。

《孝经注疏》

《孝经章句》

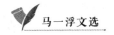

《孝经集传》

以上《孝经》类。

自魏文侯已为《孝经传》，汉于《孝经》立博士。匡衡上成帝疏云："《论论》《孝经》，圣人言行之要，宜究其意。"然汉师如长孙、江翁、后苍、翼奉诸家，书皆不传。今古文文字多寡，章句亦异，是以朱子疑之。玄宗注依文解义而已。吴草庐合今古文刊定，为之《章句》，义校长，然合二本为一，非古也。唯黄石斋作《集传》，取二《戴记》以发挥义趣，立五微义、十二显义之说，为能得其旨。今独取三家，以黄氏为主。

《诗经注疏》

《韩诗外传》

《三家诗拾遗》

《诗本义》

《吕氏家塾读诗记》

《诗集传》

《诗序辨》

《诗缉》

《诗毛氏传疏》

《诗经传说汇纂》

《毛诗古音考》

《诗本音》

以上《诗》类。

孟子、荀卿皆善说《诗》，孟子谓"以意逆志，斯为得之"，荀卿言"诗无达诂"。世传子夏《诗传》乃出后人依托，然《诗序》非子夏不能作也。观《论》《孟》及二《戴记》诸篇引《诗》，可悟孔门说《诗》之法。《韩诗外传》颇得其意。三家义已阙遗，今独宗毛。郑笺训诂，亦间与毛异。《小序》或言出于卫宏，虽不尽可据，然其精者弗能易也。欧阳永叔作《诗本义》，始攻毛、郑。朱子《集传》不信《小序》，亦稍有抑扬之过，然其言义理固有非毛、郑所及者。吕伯恭《家塾读诗记》最便初学。严氏《诗缉》宗毛传，用《小序》，而长于义理，可法也。陈氏奂《传疏》训诂校优。清敕编《诗经传说汇纂》，采撷亦颇不苟。顾氏《诗本音》后出，比陈氏《古音考》为长。初学先读此数书，亦可以稍窥其涯略矣。

《尚书大传》郑注

《尚书注疏》

《尚书集传》

《东莱书说》

《尚书集传纂疏》

《书经传说汇纂》

《尚书古文疏证》

《古文尚书冤词》

《禹贡锥指》

《洪范明义》

以上《书》类。

孟子曰："尽信《书》，则不如无《书》。吾于《武成》，取二三策而已矣。""以至仁伐至不仁，〔而〕其血之流杵也？"孟子尤长于《诗》《书》，而其言若此，可见《书》之可信者当准之以义理，不关考证也。孟子此言远在伏生以前，何有今古文之别？古文实有不可信者，如"火炎昆冈，玉石俱焚"，此的是魏、晋以后语，比"血流漂杵"为甚，不必定归狱于梅赜也。自王柏作《书疑》《诗疑》，始启疑经之渐，至清儒考订益精，于是伪孔之书几全废矣。今取《尚书大传》为首，以其为伏生之遗也。孔传不尽出依托，佚文赖之以存，但准之义理，可以无诤。蔡传自不可易。《东莱书说》亦长于义理。阎氏《疏证》、毛氏《冤词》，在学者自审之，知有此一段未了公案而已。《禹贡》《洪范》最为难治，

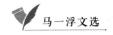

聊举二家。以示一例。

《仪礼注疏》

《周礼注疏》

《礼记注疏》

张尔岐《仪礼句读》

胡培翚《仪礼正义》

孙诒让《周礼正义》

《礼记集说》陈澔

《礼记集说》卫湜

《大戴礼》卢辨注、孔广森补注

《大戴礼解诂》王聘珍

《礼记章句》任启运

《仪礼经传通解》

《礼书纲目》江永

《礼经通论》邵懿辰

《通典》议礼诸文

以上三《礼》类。

三《礼》同遵郑注，宜先读《礼记正义》，《周礼》《仪礼》则孙、胡二家疏义为详。《礼记集说》则陈书精约，卫书详博，俱宜尽心。张蒿庵、任钓台之书亦便初学。江慎修《礼书纲目》继《仪礼经传通解》而作，最有体要。礼以义起，必先求之二戴。丧祭之礼尤为重要而难明。《丧服传》最精，宜出于子夏。二戴诸篇皆七十子后学所传，非汉之博士所能附益也。《通典》多录议礼诸文，亦见汉以后礼说未为衰熄。清儒多勤于名物而疏于义，约取而已。

《古乐经传》李光地。即释《周礼·大司乐》文

《乐书》明郑世子

《律吕精义》清敕编

《律吕新论》江永

《声律通考》陈澧

以上《乐》类。

《乐记》一篇，明乐之义。《乐经》本无其书，后儒以《周礼·大司乐》一篇当之。证以《论语》子"自卫反鲁，而后乐正，《雅》《颂》各得其所"及"子语鲁太师乐"一章，当是正其律吕，亦如今乐之有谱，然在齐闻《韶》，亦以乐之谱在陈氏也。汉后多杂用四夷之乐，唐人尤好胡乐，乐乱久矣。周王朴、宋司马光、范镇皆尝定乐律。朱子门下唯蔡元定可与言此。明郑世子《乐书》亦以己意更定律位，此非习其器不能知也。聊举数家，以见一斑。

《周易注疏》

《易略例》

伊川《易传》

朱子《易本义》

《易学启蒙》

苏氏《易传》

慈湖《易传》

《汉上易传》朱震

《易汉学》惠栋

《易学滥觞》黄泽

《观物篇解》祝泌

《皇极经世索隐》张行成

附《易学辨惑》邵伯温。此非说《易》之书，以其可考见邵学授受源流，故附于此。

《周易函书》胡煦

《周易集解》李鼎祚

《周易述》惠栋

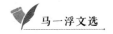

《易图明辨》胡渭

《周易折中》

《易音》

以上《易》类。

《易》为六艺之原，其为书广大悉备，得其一义并足名家，故说《易》之书校群经为最多。汉儒自京、孟以逮虞、荀，皆主象数。魏王辅嗣始主义理，一扫支离破碎之习。而或讥其以老氏说《易》，不知老氏固《易》之支流也。魏、晋以后，南北分途，北学宗郑，南学宗王。及唐初敕编《正义》，乃定用辅嗣，《系辞》则用韩康伯，亦多存玄言。六朝每以《易》《老》并称，凡善言名理，未有不通《易》《老》者，《易》几为道家所独擅矣。伊川作《易传》，重在玩辞，切近人事，而后本隐之显之旨明，深得孔子赞《易》之志，故读《易》当主伊川。朱子则重在玩占，故作《启蒙》以摄象数。邵氏先天之说，九图之传，虽或云出于陈抟，其理自不可易。清儒张皇汉学，务相攻难，于是象数又分汉、宋两派，亦徒见其隘而已。今谓治《易》当以义理为主，至汉宋象数亦不可不知。实则求之《启蒙》，约而已足，无取穿凿附益，流为术数方伎，而使易道反小。诸家说《易》，不可殚举，观于上列诸书，亦可以略知其流，至宗归义理，必以伊川为法也。

《春秋公羊传注疏》

《春秋穀梁传注疏》

《春秋左氏传注疏》

《春秋繁露义证》苏舆

《公羊何氏释例》刘逢禄

《穀梁补注》钟文烝

《春秋左氏释例》杜预

《春秋集传纂例》陆淳

《春秋集传辨疑》陆淳

《春秋微旨》陆淳

《春秋尊王发微》孙复

《春秋传》刘敞

《春秋权衡》刘敞

《春秋胡氏传》胡安国

《春秋集传》赵汸

《春秋属辞》赵汸

《春秋师说》赵汸

《春秋左传补注》赵汸

附：《资治通鉴》

《唐鉴》

《续通鉴》

《明通鉴》

《通鉴纲目》

以上《春秋》类。

董生曰："不明乎《易》，不能明《春秋》。以《春秋》推见至隐，以人事反之天道，是故因行事加王心。王心者何？即道心也，天理也。""志在《春秋》"，此志即王心也。故庄子谓："《春秋》经世先王之志。"志不可作"志乘"之"志"解。孟子引孔子之言曰："其事则齐桓、晋文，其文则史，其义则某窃取之矣。"义即圣人之志也，即王心也。先儒说《春秋》，最难治三传。公、谷述义，左氏述事。自杜氏独行而何、范之书隐。至唐有啖、赵之学。宋初孙明复、刘原父始稍出新解，胡文定《传》义理最精。至元而有东山赵氏之学，并不尽依三传。晚清今文学复兴，于是《公羊》何氏学盛行，黠者至傅会改制以言新法，是以私智说经，去圣人之志益远矣。今谓《公羊》遗义当求之《繁露》，"弃周之文，反殷之质"，准以《论语》"吾从先进""十世损益""四代礼乐"义可推知。至"黜周王鲁，为汉制作"，则博士

之陋言也。胡文定后，唯东山赵氏为不苟。伊川欲作传而未成。朱子一生遍治群经，独于《春秋》不敢轻说一字。学者且宜熟玩《公》《谷》《胡传》，须使义精仁熟，乃有以得圣人之用心。慎勿以智过游、夏自许，当以朱子为法，庶其可也。

　　《尔雅义疏》郝懿行

　　《广雅疏证》王念孙

　　《说文解字注》段玉裁

　　《说文通训定声》朱骏声

　　《释名》

　　《玉篇》

　　《广韵》

　　《古籀拾遗》孙诒让

　　《文始》章炳麟

　　《经典释文》

　　《经传释词》王引之

　　以上小学类。

　　清儒最长于小学，此数家在所必读，其余可缓。

　　《白虎通议疏证》陈立

　　《五经异义》

　　《驳五经异义疏证》陈寿祺

　　附：《汉儒通义》陈澧

　　以上群经总义类。

　　汉博士之说，求之《白虎通议》，可见其略。许、郑驳难，并杂用今古义，虽非完书，亦见当时辩论之概。陈兰浦纂《汉儒通义》，尽采汉儒义理之言，乃欲以抗《近思录》，此亦学者所当知也。

　　《家语》

　　《孔丛子》

　　《荀子集解》王先谦

《新书》

《新序》

《说苑》

《法言》

《中说》

《太极图说》朱子注、曹述解

《通书》朱子注、曹端注

《二程遗书》

《二程外书》

《二程文集》

《程氏经说》

《正蒙》王夫之注、李光地注

《西铭》《东铭》

《经学理窟》

《龟山语录》

《上蔡语录》

《延平答问》

《朱子大全集》

《朱子语类》

《象山集》

《慈湖遗书》

《白沙语录》

《传习录》

《阳明文集》

《近思录》

《伊洛渊源录》

《考亭渊源录》

《授经图》

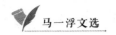

《儒林宗派》

《宋元学案》

《明儒学案》

《清儒学案小识》

《困学纪闻》

《日知录》

以上子部儒家类。

书院简章"通治门"，以《论语》《孝经》为一类，孟、荀、董、郑、周、二程、张、朱、陆、王十一子附之。若不读群经，亦不能通《论语》《孝经》也；不读十一子之书，亦不能通群经大义也。除《孟子》列在四书，董书在《春秋》，郑书之要者在《三礼》，今仍依四部目略举儒家诸子必当先读者如上。此群经之津逮，义理之总龟也。《家语》《孔丛》虽不免依托，纯驳互见。荀卿虽未知性，终不失为大儒。贾生、刘向并宗荀子。子云、仲淹文过其质。至于周、程始为直接孔孟。程门以龟山、上蔡为巨子，龟山重涵养，上蔡重察识。龟山再传为延平，上蔡再传为五峰。朱子亲受业于延平，及见南轩而尽闻湖南之学，晚乃继述伊川，实兼绍杨、谢二脉，故极其醇密。象山独称伯子，其专重察识，实近上蔡。白沙静中养出端倪，亦龟山之别派，下启甘泉，至阳明而益大，复与上蔡、象山相接，弥近直指矣。深宁，朱子之后学也，入理则疏，而涉学至博，下开亭林，遂为有清一代考据之祖。故以二家附之。此其源流之大概也。自余非要者，不须汲汲。

《老子》王弼注

《庄子》郭象注

《列子》张湛注

《墨子》孙氏闲诂

《公孙龙子》谢希深注

《人物志》刘昞注

《管子》房玄龄注

《晏子春秋》

《尸子》

《慎子》佚文

《韩非子》

《商君书》

《吕氏春秋》

《淮南子》

《抱朴子外篇》

以上诸子异家类。

九家以儒为高，余可观者四家，道、墨、名、法，皆出于六艺而得失有多少，语在《泰和会语·六艺统诸子篇》。然皆道术之流变也。杂家多取而寡得。道家至《淮南》《抱朴》，益华而少实矣。此六艺之失，学者所当知也。

《史记》

《汉书》

《后汉书》

《三国志》

《晋书》

《宋书》

《南齐书》

《新唐书》

《五代史》

以上史部诸史选读。

史家以迁、固为不祧之宗。史公自附于《春秋》，纪传独绝；班书特长典制；陈、范虽文美，弗能及矣。《晋书》虽成于唐，其所因借者胜，沈约、萧子显，一文一玄。《新唐》《五代》简而有法，余则近秽矣。《隋书·经籍志》《魏书·释老志》并于学术有

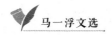
关，先尽诸史，再议其后者可也。

《楚辞》

《文选》

《古文苑》

《唐文粹》

《宋文鉴》

《文章正宗》

《两汉诏令》

《古诗源》

《渔洋古诗选》

《唐诗别裁》

《唐贤三昧集》

《乐府诗集》

《骈体文钞》

《古文辞类纂》

《续古文辞类纂》

姚椿《国朝文录》

附：《艺苑卮言》

《诗薮》

《诗人玉屑》

《瀛奎律髓》

以上诗文类。

但举总集之要者。集部之书，汗牛充栋，终身读之不能尽。大抵唐以前别集无多，俱宜读。唐、宋则择读大家，宜知流别，宜辨体制，宜多读诗文评。文章不关经术者，不必深留意也。小学不精则遣词不能安，经术不深则说理不能当。桐城派古文家乃谓文章最忌说理，真瞽言也。扬子云曰："读赋千篇，自然能赋。"《尔雅》深厚，非可袭取，涉览既博，蓄蕴既多，取精用弘，自能知其利病，下笔方可免于鄙倍矣。

　　上来所举，约之又约，此在通方之士，或将病其陋略，然初机必不可缺之书，亦不外此。姚姬传以义理、考据、词章并列为三，实不知类。词章岂得倍于义理？义理又岂能不用考据？朱子每教人先看注疏，岂是束书不观？明道斥上蔡玩物丧志，及其读史，却甚子细。象山每诫学者曰："诸公莫谓某不读书，某尝中夜而起，自检经籍，恐有遗忘。"故谓"未审皋、夔、稷、契，更读何书"者，乃一时抑扬之语耳。俗人或诋义理为空疏，乃真坐不读书。若不充实，义理何由得明？徒炫多闻，不求蓄德，是真空疏也。推而上之，胡安定分经义、治事，亦是打成两橛，安有离经义之治事？亦无不谙治事之经义，若其有之，二俱不是。再推而上之，则如宋明帝之分玄、儒、文、史四学。夫玄、儒异撰，犹或可言；文、史分途，斯为已陋。儒不解玄，在儒则小。文即史之所由成，离文言史，未知其史当为何等？此亦蔽也。王介甫自矜新说，罢黜诸家，久乃自悔曰："本欲变学究为秀才，何期变秀才为学究。"书院意在养成通儒，并非造成学究。时人名学，动言专门，欲骛该通，又成陵杂，此皆不知类之过。今略示"通治门"必读诸书，以为嚆矢，非谓遂止于此也。勿惮其难，勿病其寡，随分量力，日知其所无，月无忘其所能，优而柔之，餍而饫之，涣然怡然之效可期矣。别治门当稍求广博，今且先毕此书，然后乃议其他耳。

复性书院开讲日示诸生

天下之道，常变而已矣。唯知常而后能应变，语变乃所以显常。《易·恒》之象曰："雷风，恒。君子以立不易方。"夫雷风动荡是变也，"立不易方"是恒也。事殊曰变，理一曰常。处变之时，不失其常道，斯乃酬酢万变而无为，动静以时而常定。故曰：吉凶之道，"贞胜者也"。观其所恒，而天地万物之情可见矣。今中国遭夷狄侵陵，事之至变也；力战不屈，理之至常也。当此塞难之时，而有书院之设置，非今学制所摄，此亦是变。书院所讲求者在经术义理，此乃是常。书院经始，资用未充，斋舍不具，仅乃假屋山寺，并释奠之礼而亦阙之，远不逮昔时书院之规模，此亦处变之道则然。然自创议筹备诸公及来院相助诸友，其用心皆以扶持正学为重；来学之士，亦多有曾任教职，历事多师，不以自画而远来相就，其志可嘉，果能知所用力，亦当不后于古人：此又书院之常道也。时人或以书院在今日为不亟之务，视为无足重轻；或又责望备至，病其规制不广。前者可置不论，后者亦未察事情。盖力愿之在己者是常，事物之从缘者是变。常者，本也。变者，迹也。举本则范围天地而不过，未足以自多也；语迹则行乎患难而无辞，亦未足以自沮也。凡我书院同人，固不宜妄自菲薄，卒安于隘陋；亦不可汰然自许，有近于奢夸。如是则大行不加，厄穷不闵，持常以遇变，不累于物而有以自全其道矣。至于师资之间，所望熏习以渐，相喻益切，斯相得益彰。不务速化而期以久成，不矜多闻而必求深造。惟日孜孜如恐弗及。因时而惕，虽危无咎。如是则气质之偏未有不能化，学问之道未有不能成者。盖人之习惑是其变，而德性是其常也。观变而不知常，则以己徇物，往而不反，不能宰物而化于物，非人之恒性也。若夫因物者，不外物而物自宾；体物者，不遗物而物自成。知物各有则，而好恶无作焉，则物我无间。物之变虽无穷，而吾心之感恒一，故曰"天下之动，贞夫一者"，言其常也。老氏亦曰："不知常，妄作，凶。"故天下之志有未通者，是吾之知有未致也；天下之理有未得者，是吾之性有未尽也。睽而知其类，异而知其通，"易简而天下之理得"，夫岂远乎哉！穷理尽性，明伦察物，是人人分上所有事。不患不能御变，患不能知常；不患不能及物，患不能尽己。毋守闻见之知，得少为足；毋执一隅之说，以蔽为通。讳言病而拒药者，将不可医；不自反而责人者，必至丧己。骛广者易荒，近名者亡实。扬己矜众，并心役物，此皆今日学者通病，其害于心术者甚大。诸生虽才质志趣并有可观，其或狃于旧习而不自知，有一于此，必决而去之，然后于经术义理之学方能有入。语有之：为山假就于始篑，修涂托至于初步。儒者先务立志，释氏亦言发心，此须抉择是当，不容一毫间杂。圣狂由此分途，惑智莫能并立。随时变易以从道，斯知变矣；夭寿不贰以俟命，斯知常矣。君子小人之归，吉凶悔吝之渐，系乎当人一念之辨而已。敬则不失，诚则无间。性具之德，人人所同，虽圣人不能取而与之。学而至于圣人，方为尽己之性。此乃常道，初无奇特。须知自私用智，实违性德之常；精义入神，始明本分之事。书院师友所讲习者，莫要于此。今当开讲之初，特举是以为说。当知此理平实，勿谓幽玄；此语切近，勿谓迂阔。《说命》曰："敬逊务时敏，厥修乃来。"程子曰："'敬'之一字，聪明睿知皆由此出。"君子进德修业欲及时也，诸生远来不易，当念所为何事。敬之哉！毋怠毋忽。若于此能循而行之，庶几可与共学，可与适道矣。中华民国二十八年九月马浮。

复性书院学规

在昔书院俱有学规，所以示学者立心之本，用力之要。言下便可持循，终身以为轨范，非如法令科条之为用，止于制裁而已。乃所以弼成其德，使迁善改过而不自知，乐循而安处，非特免于形著之过，将令身心调熟，性德自昭，更无走作。《书》曰："念兹在兹"，"允出兹在兹"。朱子《白鹿洞学规》、刘忠介《证人社约》，由此其选也，与今时学校之有校训实不同科。彼则树立鹄的，驱使力赴；此乃因其本具，导以共由也。又今日所谓养成学风，亦非无验。然其原于一二人之好乐，相习而成，有分河饮水之嫌，无共贯同条之契。此则合志同方，营道同术，皆本分之事，无门户之私也。昔贤谓从胡安定门下来者，皆醇厚和易；从陆子静门下来者，皆卓然有以自立：此亦可以观矣。孔子家儿不知怒，曾子家儿不知骂；颜子如和风庆云，孟子如泰山乔岳。圣贤气象，出于自然，在其所养之纯，非可以矫为也。夫"率性之谓道"，闻道者必其能知性者也；"修道之谓教"，善教者必其能由道者也。顺其气质以为性，非此所谓率性也；增其习染以为学，非此所谓修道也。气质之偏，物欲之蔽，皆非其性然也，杂于气、染于习而后有也。必待事为之制，曲为之防，则亦不胜其扞格。"童牛之牿"，"豮豕之牙"，则恶无自而生矣。禁于未发以前则易，遏于将萌之际则难。学问之道无他，在变化气质，去其习染而已矣。长善而救其失，易恶而至其中，失与恶皆其所自为也，善与中皆其所自有也。诸生若于此信不及，则不必来院受学，疑则一任别参，两月以后，自请退席可也。书院照章考察，验其言行，若立志不坚，习气难拔者，随时遣归，决不稍存姑息，转以爱人者误人。慎之戒之，毋贻后悔。盖不能长善，即是长恶，无论如何多闻多见，只是恶知恶觉，纤芥不除，终无入德之分也。今立学规，义取简要，言则丁宁，求其易喻，事非得已。盖遮止恶德，不如开以善道，譬诸治病于已锢，不如摄养于平时，使过患不生，无所用药。象山有言："某无他长，只能识病。"夫因病与药，所以贵医，若乃妄予毒药，益增其病，何以医为？病已不幸，而医复误之，过在医人；若不知择医而妄服药，过在病人。至于有病而不自知其为病，屏医恶药，斥识病者为妄，则其可哀也弥甚！人形体有病，则知求医，惟恐其不愈，不可一日安也；心志有病，则昧而不觉，且执以为安，惟恐其或祛：此其为颠倒之见甚明。孟子曰："指不若人，则知恶之；心不若人，则不知恶。"岂不信然哉！诸生须知循守学规，如航海之有罗盘针，使知有定向而弗致于迷方；如防毒之有血清注射，使抵御病菌而弗致于传染。此实切己之事，不可视为具文。孔子曰："谁能出不由门？何莫由斯道也？"舍正路而不由，乃趋于旁蹊曲径，错用心力，唐费光阴，此扬子云所谓"航断港绝潢，以求至于海"，不可得也。今为诸生指一正路，可以终身由之而不改，必适于道，只有四端：一曰主敬，二曰穷理，三曰博文，四曰笃行。主敬为涵养之要，穷理为致知之要，博文为立事之要，笃行为进德之要。四者内外交彻，体用全该，优入圣途，必从此始。今分言之如下：

一曰主敬为涵养之要者。孟子曰："苟得其养，无物不长；苟失其养，无物不消。"凡物不得涵濡润泽则不能生长，如草木无雨露则渐就枯槁，此是养其生机，故曰涵养也。涵有含容深广之意，喻如修鳞之游巨泽，活鲅自如，否则如尺鲋之困泥沙，动转皆碍。又有虚明照澈之意，如镜涵万象，月印千江。如谓黄叔度如汪汪千顷之陂，澄之不清，挠之不浊，即含容深广之意。朱子"天光云影"一诗，即虚明照澈之意。人心虚明不昧之本体元是如此，只

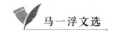

为气禀所拘，故不免褊小而失其广大之量；为物欲所蔽，故不免昏暗而失其觉照之用。气夺其志，则理有时而不行矣。然此是客气，如人受外感，非其本然。治病者先祛外感客邪，乃可培养元气，先以收摄，继以充养，则其冲和广沛之象可徐复也。孟子曰："持其志，毋暴其气。""志者，气之帅也。""志至焉，气次焉。"心之所之谓之志。帅即主宰之义。志足以率气，则气顺于理，而是气固天理之流行也。何以持志？主敬而已矣。伊川曰"涵养须用敬"，即持志之谓也。以率气言，谓之主敬；以不迁言，谓之居敬；以守之有恒言，谓之持敬。心主于义理而不走作，气自收敛。精神摄聚则照用自出，自然宽舒流畅，绝非拘迫之意。故曰"主一无适之谓敬"，此言其功夫也。敬则自然虚静，敬则自然和乐，此言其效验也。敬是常惺惺法，此言其力用也。《尚书》叙尧德，首言"钦明"；傅说告高宗，先陈"逊志"。盖散乱心中决无智照。无智照故人我炽然，发为憍慢，流为放逸，一切恶德皆从此生。敬之反，为肆、为怠、为慢。怠与慢皆肆也，在己为怠，对人为慢。武王之铭曰："敬胜怠者吉，怠胜敬者灭。"《孝经》曰："敬亲者无敢慢于人。"故圣狂之分在敬与肆之一念而已。"主忠信"即是主敬，《说文》忠、敬互训，信者，真实无妄之谓。此以立心而言。"居处恭，执事敬，与人忠"，程子曰："此是彻上彻下语。圣人元无二语。"此该行事而言，心外无事也。"礼仪三百，威仪三千"，一言以蔽之，曰"毋不敬"。礼以敬为本，人有礼则安，无礼则危，故武王曰"怠胜敬者灭"也。"忠易为礼，诚易为辞"，语在《韩诗外传》。忠即敬也，诚即信也。"敬以直内，义以方外，敬义立而德不孤"，未有敬而不能为义者，即未有忠信而不能为礼者，内外一也。一有不敬，则日用之间动静云为皆妄也。居处不恭，执事不敬，与人不忠，则本心汩没，万事堕坏，安在其能致思穷理邪？故敬以摄心，则收敛向内，而攀缘驰骛之患可渐祛矣；敬以摄身，则百体从命，而威仪动作之度可无失矣。敬则此心常存，义理昭著；不敬则此心放失，私欲萌生。敬则气之昏者可明，浊者可清。气既清明，义理自显，自心能为主宰。不敬则昏浊之气展转增上，通体染污，蔽于习俗，流于非僻而不自知，终为小人之归而已矣。外貌斯须不庄不敬，则慢易之心入之；心中斯须不和不乐，则鄙诈之心入之：未有箕踞而心不慢者。视听言动，一有非礼，即是不仁，可不念哉？今时学者通病，唯务向外求知，以多闻多见为事，以记览杂博相高，以驰骋辩说为能，以批评攻难自贵，而不肯阙疑阙殆。此皆胜心私见，欲以矜名哗众，而不知其徇物忘己，堕于肆慢，戕贼自心。故其闻见之知愈多者，其发为肆慢亦愈甚，往而不返，不可救药。苟挟是心以至，而欲其可与入理，可与立事，可与亲师取友、进德修业，此必不可得之数也。今于诸生初来之日，特为抉示时人病根所在，务望各人自己勘验，猛力省察，无使疮疣在身，留为过患。须知"敬"之一字，实为入德之门，此是圣贤血脉所系，人人自己本具。德性之知，元无欠少，不可囿于闻见之知遂以为足，而置德性之知任其隐覆，却成自己孤负自己也。圣人动容周旋莫不中礼，酬酢万变而实无为，皆居敬之功也。常人"憧憧往来，朋从尔思"，起灭不停，妄想为病，皆不敬之过也。程子有破屋御寇之喻，略谓前后左右，驱去还来，只缘空虚，作不得主，中有主则外患自不能入。此喻最切。主者何？敬也。故唯敬可以胜私，唯敬可以息妄。私欲尽则天理纯全，妄心息则真心显现。尊德性而道问学，必先以涵养为始基。及其成德，亦只是一敬，别无他道。故曰：敬也者，所以成始而成终也。

　　二曰穷理为致知之要者。 先须楷定何谓理，何谓知。"穷理尽性以至于命"，《易·系辞传》文也。"致知在格物"，《大学》文也。向来先儒说《大学》"格物"，各明一义，异执纷然。大略不出两派：一宗朱子，一宗阳明。朱子释"格物"为穷至事物之理，"致知"为推极吾心之知。知者，知此理也。知具于心，则理不在心外明矣，并非打成两橛。不善会者，往往以理为外。阳明释

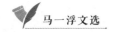

知善知恶是"良知",为善去恶是"格物"。不善会者,亦遂以物为外。且如阳明言,则《大学》当言"格物在致知",不当言"致知在格物"矣。今明心外无物,事外无理,即物而穷其理者,即此自心之物而穷其本具之理也。此理周遍充塞,无乎不在,不可执有内外。学者须知儒家所言"事物",犹释氏言"万法",非如今人所言"物质"之物。若执唯物之见,则人心亦是块然一物质耳,何从得有许多知识?阳明"致良知"之说,固是直指,然《大学》须还他《大学》。教有顿渐,《大学》说先后次弟,明是渐教;《中庸》显天人一理,"君子笃恭而天下平",中和即位育,方是顿教。儒者不言顿渐,然实有是理。阳明是就自家得力处说,朱子却还他《大学》元来文义,论功夫造诣是同,论诠释经旨却是朱子较密。上来约简旧说,是要学者先明穷理致知为何事,非于先儒妄生异同,心存取舍,亦非欲为调停之说也。此意既明,学者须知格物即是穷理,异名同实。今言穷理为致知之要者,亦即是"致知在格物"也。何以不言格物而言穷理?只为从来学者,都被一个"物"字所碍,错认物为外,因而再误,复认理为外。今明心外无物,事外无理,事虽万殊,不离一心。佛氏亦言:"当知法界性,一切唯心造。""心生法生,心灭法灭。""万行不离一心,一心不违万行。"所言法者,即事物异名。一心贯万事,即一心具众理。即事即理,即理即心。心外无理,亦即心外无事。理事双融,一心所摄,然后知散之则为万殊,约之唯是一理。所言穷者,究极之谓。穷极此理,周匝圆满,更无欠阙,更无渗漏,不滞一偏一曲,如是方名穷理。致者,竭尽之称。如"事父母能竭其力,事君能致其身"、《孝经》言"养则致其欢,丧则致其哀"之致。知是知此理唯是自觉自证境界,拈似人不得,如人饮水,冷暖自知。一切名言诠表,只是勉强描模一个体段,到得此理显现之时,始名为知。一现一切现,鸢飞鱼跃,上下与天地同流,左右逢源,触处无碍,所谓头头是道,法法全彰,如是方名致知,所谓知之至也。清凉观答唐顺宗心要云："语证则不可示人，说理则非证不了。"证者方是真知，证后所说之理方是实理。不然只是揣量卜度，妄生分别，如盲人摸象，各说一端，似则似，是则不是。在佛氏谓之情识思量境界，谓之遍计执，全体是妄；在儒家谓之私智穿凿，谓之不诚。故穷理工夫入手处，只能依他古来已证之人所说——反之自心，子细体究，随事察识，不等闲放过。如人学射，久久方中。到得一旦豁然贯通，表里洞然，不留余惑，所谓直到不疑之地，方可名为致知也。《大学》只此一关最为难透，到得知至以后，意诚心正身修，乃是发悟。以后保任长养之事，譬如顺水行船，便易为力。故象山曰："向上事益简易不费力。但穷理工夫直是费力，不是吃紧用力一番，不能致知。"朱子所谓"唯于理有未穷，故其知有不尽"，此系诚言，不容妄生疑虑。孟子曰："尽其心者，知其性也。知〔其〕性则知天矣。"朱子集注曰："心者，人之神明，所以具众理而应万事者也。性则心之所具之理，而天又理之所从以出者也。人有是心，莫非全体，然不穷理，则有所蔽，而无以尽乎此心之量。故能极其心之全体而无不尽者，必其能穷夫理而无不知者也。既知其理，则其所从出亦不外是矣。以《大学》之序言之，知性则物格之谓，尽心则知至之谓也。"《易·系辞》"穷理尽性以至于命"，"穷理"即当孟子所谓"知性"，"尽性"即当孟子所谓"尽心"，"至命"即当孟子所谓"知天"。天也，命也，心也，性也，皆一理也。就其普遍言之，谓之天；就其禀赋言之，谓之命；就其体用之全言之，谓之心；就其纯乎理者言之，谓之性；就其自然而有分理言之，谓之理；就其发用言之，谓之事；就其变化流形言之，谓之物。故格物即是穷理，穷理即是知性，知性即是尽心，尽心即是致知，知天即是至命。程子曰："理穷则性尽，性尽则至命。"不是穷理了再去尽性，尽性了再至于命，只是一事，非有三也。《大学》说"致知在格物"，不是说欲致其知者，先格其物。故今明穷理为致知之要者，须知合下用力，理穷得

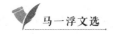

一分，即知致得一分。在佛氏谓之分证，到得知至即满证也。《中庸》曰："唯天下至诚为能尽其性，能尽其性，则能尽人之性；能尽人之性，则能尽物之性；能尽物之性，则可以赞天地之化育；可以赞天地之化育，则可以与天地参矣。"朱子章句曰："尽其性者，德无不实，故无人欲之私，而天命之在我者，察之由之，巨细精粗，无豪发之不尽也。人物之性，亦我之性，但以所赋形气不同而有异耳。能尽之者，谓知之无不明而处之无不当也。"此是一尽一切尽，其间更无先后。肇公曰："会天地万物为自己者，其唯圣人乎？"圣人无己，靡所不己，是故成己即所以成物，成物乃所以成己。"成己，仁也。成物，智也。性之德也，合外内之道也。"此是一成一切成，其间更无分别。"己欲立而立人，己欲达而达人。能近取譬，可谓仁之方。"良以物我无间，人己是同，于中不得安立人见我见。契此理者，是谓正理，是谓正知；反是则非正理，为不正知。此是知之根本。曾子闻"一贯"之旨，直下承当，及门人问，只道个"夫子之道，忠恕而已矣"。尽己之谓忠，推己之谓恕，此事学者合下可以用力。"己所不欲，勿施于人"，推己之事也。"行有不得，反求诸己"，尽己之事也。此亦是澈上澈下语。到得一理浑然，泛应曲当，亦只是个"忠恕"，别无他道。学者须于此信得亲切，行得真实，方可以言穷理，方可以言致知。更须知理是同具之理，无可独得；知是本分之知，不假他求。故象山曰："宇宙内事，即吾性分内事；吾性分内事，即宇宙内事。"此亦知至之言。今时学者每以某种事物为研究之对象，好言"解决问题""探求真理"，未尝不用思力，然不知为性分内事，是以宇宙人生为外也。自其研究之对象言之，则己亦外也。彼此相消，无主可得，而每矜为创获，岂非虚妄之中更增虚妄？以是为穷理，只是增长习气；以是为致知，只是用智自私：非此所谓穷理致知也。至穷理之方，自是要用思惟。"思曰睿，睿作圣"，程子曰："学原于思，不思则罔。"若一向读书，只匆匆涉猎，泛泛寻求，便谓文义已了，能事已毕，终其身昏而无得也。欲入思惟，切忌自谓已了，若轻言易了，决定不思，是闭门而求入也。读书既须简择，字字要反之身心，当思：圣贤经籍所言，即是吾心本具之理，今吾心现在，何以不能相应？苟一念相应时，复是如何？平常动静云为之际，吾心置在何处？如此方有体认之意。当思：圣贤经籍所言，皆事物当然之则，今事当前，何以应之未得其当？苟处得是当时，复是如何？平常应事接物之时，吾心如何照管？如此方有察识之意。无事时体认自心是否在腔子里，有事时察识自心是否在事上，如此方是思，方能穷理。思如浚井，必当及泉，亦如抽丝，须端绪不紊，然后引而申之，触类而长之，曲畅旁通，豁然可待。体认亲切时，如观掌纹，如识痛痒；察识精到处，如权衡在手，铢两无差，明镜当台，豪发不爽：如此方有知至之分。此在散乱心中必不可得，故必先之以主敬涵养，而后乃可以与于此也。

三曰博文为立事之要者。须先知不是指文辞为文，亦不限以典籍为文，凡天地间一切事相皆文也，从一身推之家国天下皆事也。道外无事，亦即道外无文。《论语》朱注曰："道之显者谓之文。"今补之曰："文之施于用者谓之事。"博者，通而不执之谓。立者，确乎不拔之称。易言之，亦可谓通经为致用之要也。世间有一等质美而未学之人，遇事尽能处置，然不能一一皆当于理，处甲事则得，处乙事又失之。此谓不能立事，其故由于不学，即未尝博文也。虽或偶中，而幽冥莫知其原，未尝穷理也。恒言斥人"不学无术"，本《霍光传》中语。"不学"言未尝读书，"无术"即是没办法。可见遇事要有办法，必须读书穷理始得。《中庸》曰："文理密察，足以有别也。""文理"亦可析言之，在心则为理，见于事则为文；事有当然之则谓之理，行此当然之则谓之文。已明心外无事、离体无用，更须因事显理、摄用归体，故继穷理致知而言博文立事也。穷理主于思之意多，博文主于学之意多。《论语》曰："学而不思则罔，思而不学则殆。"盖不求诸心，则昏而无得；不习其事，则危而不安。此见思学并进，亦如车两轮，如鸟两翼，致力不同，而为用则一，无思而非学，亦无学而非思也。"不学操缦，不能安弦；不学博依，不能安诗。"操缦、博依，博文也。安弦、安诗，立事也。"不学《诗》无以言"，"不学《礼》无以立"。《诗》《礼》，文也；言、立，事也。六艺之文，即"冒天下之道"，实则天下之事，莫非六艺之文。明乎六艺之文者，斯可以应天下之事矣。此义云何？《诗》以道志而主言，在心为志，发言为诗。凡以达哀乐之感，类万物之情，而出以至诚恻怛，不为肤泛伪饰之辞，皆《诗》之事也。《书》以道事。事之大者，经纶一国之政，推之天下。凡施于有政，本诸身、加诸庶民者，皆《书》之事也。《礼》以道行。凡人伦日用之间，履之不失其序、不违其节者，皆《礼》之事也。《乐》以道和。凡声音相感，心志相通，足以尽欢忻鼓舞之用而不流于过者，皆《乐》之事也。《易》以道阴阳。凡万象森罗，观其消息盈虚变化流行之迹，皆《易》之事也。《春秋》以道名分。凡人群之伦纪、大经、大法，至于一名一器，皆有分际，无相陵越，无相紊乱，各就其列，各严其序，各止其所，各得其正，皆《春秋》之事也。其事即其文也，其文即其道也。学者能于此而有会焉，则知六艺之道何物而可遗，何事而不摄乎！故凡言文者，不独前言往行布在方策有文史可稽者为是，须知一身之动作威仪、行业力用，莫非文也；孔子称尧"焕乎其有文章"，乃指尧之功业。子贡称"夫子之文章可得而闻"，乃指孔子之言行。天下万事万物之粲然并陈者，莫非文也。凡言事者，非一材一艺、一偏一曲之谓，自入孝出弟、爱众亲仁、立身行己、遇人接物，至于齐家治国平天下，开物成务、体国经野，大之礼乐刑政之本，小之名物度数之微，凡所以为因革损益、裁成辅相之道者，莫非事也。《学记》曰："九年知类通达，强立而不反。"夫"知类通达"，乃可谓博文矣；"强立而不反"，乃可与立事矣。在《易》则曰：圣人有以"观其会通"而"行其典礼"。夫"观其会通"是博文也，"行其典礼"是立事也。《朱子语类》："会通谓物之节角交加处。"盖谓如人身之有关节，为筋脉活动之枢纽。又喻如水之众流汇合而为江河，虽千支万派，俱入于海，此所谓会通也。足以尽天下之事相而无所执碍者，乃可语于博矣；足以得举措之宜而不疑其所行者，乃可语于立矣。若乃事至而不免于惑，物来而莫之能应，是乃不可与立事，亦不足以语于博文也。今举《诗》教以明一例。如曰："诵《诗》三百，授之以政，不达；使于四方，不能专对；虽多，亦奚以为？""小子何莫学夫《诗》，《诗》可以兴、观、群、怨。迩之事父，远之事君。""人而不为《周南》《召南》，其犹正墙面而立也欤？"今学《诗》者，能详其名物训诂矣，又进而能言其义矣，而不达于政，不能事父事君，其为面墙也如故，谓之未尝学《诗》可也。他经亦准此可知。故言"博文"者，决不是徒夸记览，徒骋辞说，以炫其多闻而不切于事，遂可以当之，必其闳通淹贯，畜德多而谨于察物者也。言"立事"者，不是智效一官，行效一能，不该不遍，守其一曲，遂足以当之，必其可以大受当于物而卓然不惑者也。复次当知《易》言"观乎天文，以察时变；观乎人文，以化成天下"。观天之文与地之宜，非如今言天文学或人文地理之类。天文即谓天道，人文即谓人道。阴阳消长，四时错行，天文也；彝伦之序，贤愚之等，人文也。《系辞传》曰："道有变动，故曰爻。爻有等，故曰物。物相杂，故曰文。文不当，故吉凶生焉。""六爻之动，三极之道也。""兼三才而两之，故六。"阴阳、刚柔、仁义之相，皆两也。等犹言类也。阴阳、刚柔各从其类谓之物。物相杂而成文谓之文。物犹事也，事之相错而著见者，咸谓之文。故一物不能成文，成文者必两。凡物之对待而出者为文。对待之物，交参互入，错综变化，至赜至动，皆文也。唯圣人有以见其"至赜而不可恶"，"至动而不可乱"，故"拟诸形容，象其物宜，是故谓之象"，"观其会通以行其典礼，是故谓之爻"。学者知此，则知

所谓文为事相之总名可以无疑也。文以变动而有，事以变动而生，故曰"功业见乎变"。功业者，事也。"举而措之天下之民，谓之事业"，此乃从体起用，亦谓之全体作用。"行其所无事"而非有计功谋利之心焉，斯立事之要也。故天地虽万物并育，不居生物之功；圣人虽保民无疆，不矜畜众之德。博文如物之生长，必积渐以至广大；立事如物之成实，必贞固而后有成。今人欲立事而不务博文，是犹不耕而望获也；徒事博文而不务穷理，是犹卤莽而耕之，灭裂而耘之也，欲责之以立事，安可得哉！复次当知博文属知，立事属能。《中庸》曰：匹夫匹妇之愚，可以与知与能，及其至也，圣人有所不知不能焉。学者切忌自谓已知已能，如此则是自画而不可以进于博，不可以与于立矣。试观圣人之气象为如何？达巷党人曰："大哉孔子！博学而无所成名。"子闻之，曰："吾何执？执御乎？执射乎？"太宰问于子贡曰："夫子圣者欤？何其多能也？"子闻之，曰："吾少也贱，故多能鄙事。君子多乎哉？不多也。"又曰："君子之道四，吾未能一焉。"又曰："吾有知乎哉？无知也。有鄙夫问于我，空空如也。我叩其两端而竭焉。"夫圣人知周万物而道济天下，然其自以为无知无能如此，非故为谦辞也，其心实如是也。鄙夫云者，执其一端之见而汰然以自多者也。圣鄙之分，由此可见。老子曰："其出弥远，其知弥少。"释氏亦曰："若作圣解，即是凡情。"必其自视欿然，然后虚而能受。此所以必先之以穷理致知，而后乃可语于博文立事也。

四曰笃行为进德之要者。 德行为内外之名，在心为德，践之于身为行；德是其所存，行是其所发。自其得于理者言之，则谓之德；自其见于事者言之，则谓之行：非有二也。充实而有恒之谓笃，日新而不已之谓进。知止而后能笃，不为物迁，斯可以载物；行健而后能进，自强不息，乃所以法天。无有欠阙，无有间断，乃可言笃；无有限量，无有穷尽，所以言进。行之积也愈厚，则德之进也愈弘。故《大畜》曰："刚健笃实，辉光日新其德。"《商颂》曰："汤降不迟，圣敬日跻。"言其进也。《乾·文言》："君子以成德为行，日可见之行也。"故行之未成，即德之未裕。《系辞》曰："默而成之，不言而信，存乎德行。"此所以言笃行为进德之要也。言行同为中之所发，故曰："言出乎身，加乎民；行发乎迩，及乎远。""言行，君子之所以动天地也。""言行，君子之枢机。枢机之发，荣辱之主也，可不慎乎？"此以言行并举，今何以单言行？《论语》曰："有德者必有言，有言者不必有德。""始吾于人也，听其言而信其行；今吾于人也，听其言而观其行。""论笃是与，君子者乎？色庄者乎？""君子不以言举人，不以人废言。"此明言行有不相应者，不可不察也。《曲礼》曰："鹦鹉能言，不离飞鸟。猩猩能言，不离走兽。""君子耻其言而过其行。""视其所以，观其所由，察其所安。人焉廋哉？"人之色取仁而行违者尽多，依似之言，可以乱德，学者当知以此自观自儆。"言顾行，行顾言"，"庸德之行，庸言之谨，有所不足不敢不勉，有余不敢尽"，方可语于笃行也。此是言行分说，然当知合说则言亦行之所摄。《洪范》"五事"、《论语》"九思"、"四勿"、"三贵"，并属于行。广说无尽，今只略说五事，曰貌、言、视、听、思，曰恭、曰从、曰明、曰聪、曰睿，即行之笃也。"恭作肃，从作义，明作哲，聪作谋，睿作圣"，即德之进也。"九思""四勿""三贵"，皆笃行之事。曰仁、曰礼、曰信，皆德也。德之相广说亦无尽。仁者，德之总相也，开而为二曰仁智、仁义，开而为三曰智、仁、勇，开而为四曰仁、义、礼、智，开而为五则益之以信，开而为六曰智、仁、圣、义、中、和，如是广说，可名万德，皆统于仁。学者当知有性德，有修德，性德虽是本具，不因修证则不能显。故因修显性，即是笃行为进德之要。全性起修，即本体即功夫；全修在性，即功夫即本体。修此本体之功夫，证此功夫之本体，乃是笃行进德也。孔子曰："德之不修，学之不讲"，"是吾忧也"。讲本训肆，即指"时习"，并非讲说之谓。即今讲说，亦是"时习之"之事，亦即笃行之事，亦即修德之事，即是因修显性也。前言学问之道在变化气质，须知变化气质即是修。汉儒每言才性，即指气质。魏钟会作《四本论》，论才性异同，其文已佚，当是论气质不同之书，或近于刘劭之《人物志》。其目为才者，指气质之善而言。气质之不善者，固当变化，即其善者，只名为才，亦须变化，乃可为德，此即是修德。如《虞书·皋陶谟》行有九德："宽而栗，柔而立，愿而恭，乱而敬，扰而毅，直而温，简而廉，刚而塞，强而义。"宽柔是才，须"宽而栗，柔而立"，始名为德，此非变化不能成就。其下准此可知。《周书·洪范》乂用三德："一曰正直，二曰刚克，三曰柔克。平康正直。强弗友刚克，燮友柔克。沈潜刚克，高明柔克。"此皆明气质必假变化。《通书》"刚柔善恶"一章所谓"俾人自易其恶，自至其中"，亦是此旨。刘劭《人物志·九征篇》虽名家言，亦有可取，大致以偏至为才，兼才为德，全德为圣，故曰："九征皆至，则纯粹之德也。九征有违，则偏杂之才也。九征者，谓九质之征，谓精、神、筋、骨、气、色、仪、容、言也。文繁不具引。三度不同，其德异称，故偏至之才，以才自名，兼才之人，以德为目，兼德之人，更为美号。是故兼德而至，谓之中庸。中庸者，圣人之目也。具体而微，谓之德行。德行者，大雅之称也。一至谓之偏才。偏才，小雅之质也。一征谓之依似。依似，乱德之类也。一至一违谓之间杂。间杂，无恒之人也。无恒、依似，皆风人末流。末流之质，不可胜论。"名家之言，乃以品核人流，未必尽为知德，然其所谓三度则有当也。知此可明修德须学，由偏至而进于兼，由兼德而进于全，非进德之谓乎？然又须明性修不二，不是性德之外别有修德，修德须进，性德亦有进。性德本无亏欠，何以须进？当知天地之道只是至诚无息，不息即进也。"与天地合其德"，只是贵其不已。所谓"不息则久，久则征，征则悠远，悠远则博厚，博厚则高明"，"博厚配地，高明配天，悠久无疆"，此进德之极致也。行之不笃，即是不诚，不诚则无物。一有欠阙，一有间断，便是不笃。行有欠阙，即德有欠阙；行有间断，即德有间断。故虽曰性德无亏，亦须笃行到极至处始能体取，所以言笃行为进德之要也。易言之，即是践形所以尽性，进德即尽性之事，践形即笃行之事。孟子曰："形色，天性也。唯圣人而后可以践形。"气之凝成者为形，形之变动者为色。此与佛氏言色法不同。参看《宜山会语》五《说视听言动》。天性，即行乎气中之理也。如视听言动皆有其理，视极其明，听极其聪，言极其从，貌极其恭，始为尽视听言动之理，始为得耳目口体之用，是谓尽性，是谓践形。朱子曰："众人有是形而不能尽其理，故无以践其形；惟圣人有是形而又能尽其理，然后可以践其形而无歉也。"故知视有不明，听有不聪，则是未能践其形，即未能尽其性。视听言动皆行也，四者一于礼，则是仁是德也。人生所日用不离，最切近而最易体认者，孰有过于四事者乎？所以应万事而根于心之所发者，舍此岂别有乎？故颜渊问仁，孔子告以"克己复礼为仁"。颜子直下承当，便请问其目，只此视听言动四事。知此便知笃行之道，合下当从非礼勿视、听、言、动入手。才有非礼即是不仁，到得四事全是礼，则全体是仁。是故言笃行为进德之要，此理决定无可疑也。

　　复次当知《中庸》曰"温故而知新"，博文之事也；"敦厚以崇礼"，笃行之事也。此所以继博文而言笃行也。《乾·文言》曰"知至至之，可与言几也"，主敬、涵养、穷理、致知、博文、立事当之；"知终终之，可与存义也"，则笃行、进德当之。又此门总摄前三，如主敬须实是主敬，穷理须实是穷理，博文须实是博文，此便是笃行，一有不实，只是空言。涵养得力，致知无尽，应事不惑，便是进德。若只言而不行，安能有得？行而不力，安望有进？故言虽分三，事唯是一，总此四门，约为一行。《论语》曰："博学于文，约之以礼，亦可以弗畔矣夫！"文以知言，礼以行言，博约亦是同时，文礼非有二致。故孟子曰："博学而详说

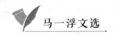

之，将以反说约也。”前三是博，此门是约。又中二为博，初终均约。总该万行，不离一心。即知即行，全理是事；即博即约，全事是理。始终本末，一以贯之，即下学，即上达。子以四教：文、行、忠、信。文即六艺之文，行即六艺之事，忠、信则六艺之本。今此四门亦略同四教，全体起用，全用归体。此乃圣学之宗要，自性之法门，语语从体验得来，从胸襟流出，一字不敢轻下。要识圣贤血脉，舍此别无他道。于此不能有会，决定非器，难与入德。若只作一种知解、一种言说领取而不肯笃行，则是辜负自己，辜负先圣。曾子曰：“尊其所闻，则高明矣。行其所知，则光大矣。”闻是闻道，知是知德，道为万行，德是一心。今有言说显示，但名为“闻”，诸生体之在己，乃可名“知”。勤而行之，斯可与适道；得之于心，斯可与入德。如此则日进于高明光大之域，必可期也。“为仁由己，而由人乎哉？”勉之！勉之！